JN294878

はじめはみんな話せない

行動分析学と障がい児の言語指導

Nobody can speak at first
Behavior analysis and language training

谷 晋二

Ψ 金剛出版

序文

『はじめはみんな話せない』、この本のタイトルを思いついてから十数年が経っています。十数年という月日の中で、発達障がいのある子どもたちの指導方法や考え方は大きく変化しました。行動分析に基づいた技法（応用行動分析 = Applied Behavior Analysis : ABA）は、有効な指導法としての地位を日本においても確立してきました。関西や関東ではABAを提供する民間の療育機関が増え、研究機関でなければABAが受けられなかった十数年前に比べると少しは選択の幅が増えてきました。ABAに関する図書を検索するとAmazonで100冊以上の図書がヒットし、その多くは発達障がいのある子どもに関する図書です。「家庭で…」「楽しく…」「ほめて…」など、ABAの大切な原則をタイトルにした図書がたくさん出版されてきました。

この本は、一般向けの本ではなく専門書です。しかし、行動分析の知識が十分でなくても読んでいただけるように、コラムや用語解説を入れました。行動分析を学び、現在子どもたちの療育に関わっている人たちは、機会利用型指導法や般化を促進するための技法を、当たり前のように用いていることでしょう。PRT、刺激等価性や関係フレーム理論に基づいた指導を行っているかもしれません。それらの技法が用いられるようになってきた背景には、大切な理論的検討がありました。行動分析学は、理論と実践との相互的な還流を信条とする学問です。発達障がいのある子どもたちへのABAの歴史を理論と実践の相互還流の観点からまとめたのがこの本です。理論を学びながら技法を適用し、臨床的な発見を理論へと還元していく姿勢が、これからも行動分析学を発展させ、発達障がいのある子どもとその家族へのしっか

りとした支援につながっていくと思います。そういう願いをこの本に込めています。

　この本のコラムには、行動分析の基礎的な用語を学ぶためのクイズがあります。これは、2008年から2010年までの科学研究費基盤研究（C19530880）の助成を受けて実施した「特別支援教育にかかわるスタッフトレーニングプログラムの開発」で用いたテキストやワークブックで使用したものです。そのテキストやワークブックの作成には、研究協力者である大尾弥生さん（LLC. Angel College）の協力を得ました。コラム文末の［yayoi］のマークは、彼女の文章であることを示しています。本書のために快く掲載を承諾していただいたことに、心から感謝します。彼女は、私のところで実践経験を積んだ人の中でもっとも優秀なトレーナーのひとりです。

　私の臨床経験の中で、いくつかの幼稚園や保育園と長いお付き合いがあります。幼稚園や保育園での子どもたちの自然な様子を先生たちと一緒に体験できたことは、私の臨床経験の中でとても大切なものとなっています。坂上仁美先生もそのお一人で今回幼稚園での事例を提供していただきました。本としてまとめるにあたって、元大阪人間科学大学の北村琴美先生には、丁寧に原稿を読んでいただき、貴重なコメントをたくさんいただきました。皆様への感謝でいっぱいです。

　金剛出版の藤井裕二さんは、ほんとうに正の強化が上手な編集者です。彼の強化が私の執筆行動を維持させてくれました。彼の丁寧な文章校正と的確なコメントが書くことを楽しくさせてくれました。

2012年7月20日
ワシントンDCにて

▶目次 **はじめはみんな話せない**
行動分析学と障がい児の言語指導

Nobody can speak at first
Behavior analysis and language training

序文......002

第1章　発達障がい児の言語指導の歴史.................011

行動論的支援／先駆的取り組み
日本での取り組みとフリーオペラント法
機能の分析——言語活動／機能の分析——困った行動
早期行動的介入（EIP）の有効性と疑問
機軸行動発達支援法（PRT）
自閉症児への行動論的介入の歴史／家族への支援
アスペルガー障がいと SST・CBT／今後の展開

第2章　新たな取り組みへ向けて.................051

言語行動の基礎研究／刺激等価性と関係フレーム理論
刺激等価性の成立／アスペルガー障がいと言語
実践報告——アスペルガー障がいへの SST
言語ルールとソーシャルスキル／ACT と家族支援

第3章　言葉の指導——機能的な言語行動の形成へ向けて.................075

行動分析と言語行動／早期言語指導プログラム
早期言語指導の成果／さらなる発展のための工夫について

第4章　イントラバーバル研究.................109

イントラバーバル研究とは何か？
イントラバーバルの指導／結論

第5章 言語に関連する認知的スキル ……135

認知的スキル指導の概要／概念学習／クラス分類と色概念
数の指導／その他の認知的スキル／算数の文章題を解く／結論

第6章 言語指導の戦略と戦術 ……181

言語指導と家族の願い／情報の収集／多領域の専門家との連携
行動的アセスメント／対人援助の視点──援助、援護、治療・教授

✽──コラム

1 │ ABAを学ぶ ……044
2 │ 行動とは？……044
3 │ CARS／M-CHAT ……045
4 │ 行動の2つの種類 ……046
5 │ レスポンデント行動 ……047
6 │ マンド／タクト ……048
7 │ DRI／DRA／DRO／DRL ……049
8 │ レスポンデント行動の消去 ……071
9 │ オペラント行動のABC分析 ……072
10 │ 結果操作の4つの原理 ……073
11 │ 消去にともなう行動の変化 ……106
12 │ 先行刺激の操作 ……107
13 │ 遅延プロンプト ……107
14 │ 1事例の実験デザイン ……108
15 │ 般化 ……131
16 │ 指示を出す ……132
17 │ 褒めて行動を減らす ……133
18 │ 褒める ……134
19 │ 強化子の提示方法・探し方 ……177
20 │ 課題分析 ……177
21 │ プロンプトを使う ……178
22 │ プロンプト・フェイディング ……179
23 │ モンテッソーリ教材 ……179
24 │ 行動連鎖 ……193

コラム問題の解答 ……194

文献 ……196
索引 ……204

はじめはみんな話せない
行動分析学と障がい児の言語指導

Nobody can speak at first
Behavior analysis and language training

第1章
発達障がい児の言語指導の歴史

行動論的支援

　行動論的な考えにもとづく方法は、発達障がいのある子どもたちの日常生活に役立つ様々な行動を教えることに効果を上げてきた。トイレの習慣や衣服の脱ぎ着、箸やスプーンの使い方など家庭内の生活において重要な行動から、近年ではコミュニティでの生活にかかわる行動へと指導の目標が拡大してきている。たとえば、信号を守って安全に道路を渡ることや携帯電話の使い方、買い物や公共交通機関の利用にかかわる行動を教える試みが行われている。

　また、行動論的な立場を取る臨床家は言語の問題にも挑戦しつづけてきた。話し言葉だけでなく、動作や表情、視線といったノンバーバルなコミュニケーションにも困難をもつ子どもたちの指導に、行動論的な指導が行われはじめたのは1960年代からである。

　それから半世紀が経過し、実践的な知識とデータが積み上げられてきた。1960年代に実施されていた指導の方法は大きく変化したし、言語やコミュニケーションについての科学的な理解も進歩してきた。

　なかでもLovaasらが用いたディスクリート・トライアル（discrete trial）を中心とした指導（Discrete Trial Training：DTT）は、有効であるが問題点も内在していた。それらの問題点への挑戦は多くの研究として公表され、新たな技法が開発されてきた。現在では指導に当たるセラピストはDTTの問題点を熟知したうえで、個々の子どもの状況に合わせて様々な技法をうまく使い分けることが求められている。

　本章では、これまでの言語指導に関する行動論的な介入を振り返ることで、先駆的な取り組みが明らかにしてきた問題点を整理し、その問題に対処するためどのような技法が開発されてきたのかを紹介する。

そして、技法の進歩が明らかにしてきた言語に関する行動論的な理解の進歩についてまとめていく。

先駆的取り組み

　1960年代は、精神分析に代わる新しい心理療法として、行動論的介入が登場した時代である。行動論的介入が自閉症児に適用されたのは、1964年のWolf et al.（1964）の研究が最初であった。彼らは消去と軽い罰刺激（mild punishment）を用いて3歳半の自閉症児のかんしゃく行動の変容に成功した。この研究以降、次々と自閉症児に行動論的介入が適用されて、これまで改善困難とされていた種々の行動の変容が行われた。

　当初、行動論的介入はかんしゃく行動やパニック、自己刺激行動など保護者が対応に困る行動に適用されていたが、次第に注視行動、着席行動などの学習準備態度の形成へと適用範囲を広げていった。

　1965年にHeweet（1965）、1966年にLovaas et al.（1966）が初めて自閉症児の言語訓練に行動論的介入を用いた。言語訓練に至るまでの過程は、その当時の行動論的介入の集大成というべきものであった。

　さて、彼ら先駆者たちは自閉症児の指導に当たってどのような考えをもっていたのであろうか。

　1964年にWolfが初めて臨床報告をする前に、Ferster（1961）が自閉症を行動論の枠組みのなかでとらえようとしている。彼によれば、自閉症の基本障がいは習得性（二次性）強化子の形成障がいであり、そのために種々の行動異常が出現してくる。つまり、褒め言葉や微笑などの社会的な刺激が強化子として機能しないことが問題の中心であ

るという彼の指摘は、今日の我々にとっては重要かつ的を射た指摘であると思われるが、Lovaas以降の臨床には活かされなかった。

Lovaasは、自閉症児の行動発達を促進するためには2つの方法があるとしている。1つはFersterが指摘したように、一つひとつの行動を形成するよりも社会性強化子（褒め言葉や微笑）の獲得を中心課題とする方法であり、もう1つは、すでに効力のある一次性強化子を用いて行動を一つひとつ作り上げていく方法であると述べている（Lovaas et al., 1973, p.134）。そして、Lovaasは前者の方法は現実的なものではないとして、後者の方法で訓練を進めている。

DTTの一般的な訓練過程では、かんしゃく行動やパニック行動、自己刺激行動などを消去や罰、過剰修正法などの技法によって抑制する。その後、注視行動、着席、簡単な指示に従う行動などの学習準備行動を強力な強化子（主として食べ物や飲み物などの食餌性強化子）によって形成する。次に、言語訓練が導入される。言語訓練では、まず発声があればそれを食餌性強化子で強化・増大させ、次に訓練者の発声と同じ発声のときだけこの発声を強化する（音声模倣訓練）。その発声を単音から複数の音の組み合わせに発展させ、"baby""boy"などの単語へと進めていく。音声模倣がうまくできるようになると、いくつかの物を机の上に置き、訓練者が「これ何？」と質問してそれに答えさせる。

Lovaasのプログラムに限らず、行動論的介入の多くは自閉症児の訓練の大半を言語訓練に充てている。Lovaas自身は、言語訓練を中心とするのは「学術的な興味」、すなわち行動論的介入でどのような種類の行動までが形成可能なのかを確かめるためであったと述べている（Lovaas et al., 1973, p.135）。言語訓練に重点が置かれるのがどのような理由からであれ、Lovaasらが自閉症の最も重篤な障がいのひとつである言語行動を改善できたのは明らかである。

机上学習という形で進められた Lovaas らの訓練は、多くの成果を収めながらも種々の問題を生じてきた。その問題は現象的には、(1) 訓練された行動の般化・維持が困難である、(2) 自発性が低下する、(3) 訓練された行動が拡大・発展しない、としてまとめられる（大野ほか 1985）。つまり、訓練場面で習得した行動が訓練場面外では生起しないという問題が生じることになる。生起しても維持されず（般化・維持の困難性）、訓練者が先行して何らかの刺激を提示しなければ行動が自発されない（自発性の低下）。健常な子どもであれば、ひとつの行動を習得すればそれに関係した行動を次々と習得し、習得した行動に変化をつけていくが、自閉症児の場合はそのような傾向をあまり示さない（行動の拡大・発展の困難性）。

　これらの問題に関して、なぜそのような問題が生じるかを分析しつつも、そういった問題をもってしまった子どもたちをどのように指導していくかについて検討が加えられるようになってきた。

　前述した3つの問題のなかで、最も中心的に考えられたのは般化の困難性についてであった。訓練場面で習得した行動が家庭や学校では用いられなかった般化の困難性という問題には、別々の2つの問題が関与していることが実験的に示されている。Koegel & Rincover（1977）の実験結果は、訓練場面外で訓練された反応がまったく自発されない場合（般化の困難性）と、自発されるがやがて消失してしまう場合（維持の困難性）があることを示している。

　般化［▶コラム15参照］とは弁別が成立する以前の受動的な現象であるので、訓練場面外で自発されないのは、そもそも訓練場面とそうでない場面が弁別されてしまっているためと考えられる。たとえば、「ボール」という語を形成するとき、訓練者と子どもが机に向かい合って座り、訓練者の「これ何？」という質問が先行刺激となったり机に

座るという場面状況が弁別刺激となって、子どもの反応を統制するようになる（刺激性制御）。その結果、訓練場面外や訓練者の先行刺激のない日常生活場面では反応が生じにくくなる（般化の困難性）。

さらに、訓練場面では「ボール」といってチョコレートが提示され強化されても、日常生活場面ではまずそういった結果は伴わないため、行動は次第に消去されていく（維持の困難性）。そして、治療効果が他の場面に般化することは当然の結果というよりは例外であって、般化の促進のためには何か特別な介入を行わなければならないという認識が一般化していく（Stokes & Baer, 1977；Alberto & Troutman, 1994［第11章参照］）。

こうした自発性の問題を解決するためにも新しい技法が用いられはじめた。それが機会利用型指導法（incidental teaching）であり、自発的反応を引き出すために用いられた。機会利用型指導法とは、子どもの好きなものや遊び道具を自然な状態で置いておき、そこで子どもが自発的に訓練者に物や遊びを求めてきたときに訓練を行う方法である（Hart & Risley, 1975）。また、タイムディレイ法（time-delay）は、機会利用型指導法と同じような状況で強化子の提示を遅延させ、自発的反応を形成しようとする技法である。Charlop et al.（1985）は、適切に物の名前を言うことはできるが、「これ何？」などの訓練者の先行刺激がなければ自発的に話さない子どもを対象に、タイムディレイ法を用いて自発的な発語形成を試みている。子どもが訓練者に要求行動を示したとき、その反応が標的行動（この場合は言語行動）でなければ"期待に満ちた顔つき"をして要求対象物を渡すことを遅延させる（数秒から数十秒）。それでも標的行動が見られなければモデルを提示し模倣させる。この手続きによって、子どもは自発的に言葉を用いるようになる。

日本での取り組みとフリーオペラント法

　1970年代になると日本でも梅津（1974）、小林（1973）、久野らのグループ（島田ほか1971）、中野らのグループ（野村ほか1975）を中心に、Lovaasらと同様の方法で自閉症児の訓練が行われるようになった。彼らを中心に日本国内でも行動論的な介入が活発に行われ、その成果が続々と公表されてきた。

　そういったなかにあって、佐久間（1978）がまったく新しい方法によって自閉症児の訓練を実施しはじめた。佐久間は6歳2ヶ月の女子に対して、抱っこして走ることや、"くすぐり"を強化子として用いて、無発語であった子どもの発語形成が可能になることを示した。また、平野・高木（1979）も抱っこや頭をなでるなどの身体接触を強化子として発語を形成することの可能性を実験的に示し、身体接触を用いた発語形成に成功している。

　これらの研究は、強化子の問題について従来の方法と考え方を異にしている。佐久間や平野・高木（1979）が強化子として用いた"くすぐり"や抱っこなどの身体接触は、多くの自閉症児にとって回避行動を生じる刺激（嫌悪刺激）であることが多い。しかし、佐久間は巧妙な方法を用いて身体接触を強化子として形成している。佐久間は「考えてみれば、彼らが母親の微笑などの刺激では全く強化子としての効果がなく、食べ物ならば効果があるということこそが問題なのではないだろうか［…］。社会性強化子の成立こそが最も力を注がねばならない点なのではないだろうか」（佐久間1978, pp.21-22）と述べ、強化子を選定するという従来の考え方から、新しく強化子を形成するという考えへ方向転換をしている。

これらの研究報告以後、抱っこや"くすぐり"といった身体接触を強化子として形成し、それを用いて行動形成が可能であるという報告が相次いだ。Lovaas が「すでに効力のある強化子を用いて行動を一つひとつ構成していく」方法を取ったのは、「社会性強化子の形成が厄介で現実的なものとはならなかった」ためであるが、社会性強化子の形成が可能であるとすれば、Lovaas らの方法と異なった訓練、教育方法を考えることができる。

　佐久間の報告を皮切りに、日本では欧米の方法とは異なる新しい方法とその理論的裏づけについて研究が進められた。我々はそれを「フリーオペラント」法、あるいは HIROCo 法としてまとめた（大野ほか 1985）。また、久野らはディスクリート（discrete）な場面での指導とフリーオペラント場面での指導を組み合わせて、習得させた行動の般化を促進させ自発性を高める方法を考案し、これを兵庫医大式フリーオペラント法と名付けている（久野・桑田 1988）。

　フリーオペラント法では、子どもの自発的な行動を重視し、自然な強化子（日常場面で通常見られるような反応－強化子関係）を使用して、行動の形成を試みる。そのため、不適切な刺激による行動の統制や訓練場面が嫌悪事態になりかねない着席や注目の強制を極力避ける。また、自発的な行動を保証するため訓練場面を机上に限定せず、訓練者が先行刺激を提示して子どもの行動を引き出すような先行刺激操作［▶コラム 12 参照］を極力避け、課題や手続きを子どもの行動に合わせて柔軟に変更していく（大野ほか 1985）。

　しかし、フリーオペラント法の考え方や技法について疑問が起きなかったわけではない（当時の日本国内の行動的介入による自閉症児の指導についての考え方を振り返るには、佐久間（1988）と久野・桑田（1988）の議論が興味深いので、一読を勧める）。

　日本での行動的な介入は主として大学の研究機関で行われていたし、

日本語で読める行動的介入の本はわずかしかなかった。Lovaasの著書は邦訳されていたが、専門的で、親たちが読み、家庭で実践するには難しすぎた。そのような折、1994年にCatherine Mauriceの『わが子よ、声を聞かせて』が日本で出版された。この本は、両親が自閉症のわが子を家庭療育で通常の状態にまで回復させた記録である。MauriceはDTTの手続きをほとんど独学で学び、実践し、成果を上げた。この本の巻末にはいくつかのプログラムが掲載されていたため、自閉症の子どもをもつ親たちの多くがこの本をバイブルとして、DTTにもとづく家庭療育を始めることとなった。

機能の分析──言語活動

　機会利用型指導法、タイムディレイ法、あるいはRogers-Warren & Warren（1980）のマンド・モデル法はいずれも従来の机上学習から自由に行動できる場面へと訓練場面を移行させている。また、用いられる強化子も反応と強化子が機能的な関係をもつもの（場面や文脈に沿ったもの）が使用されるようになってきた。機会利用型指導法やマンド・モデル法を用いることが強調されたのは、DTTの技法上の問題の解決を試みるという目的のためだけでなく、言語行動（Verbal Behavior）の機能が注目されるようになったためであった。
　Skinner（1957）は、行動を環境との相互作用という視点（すなわち行動の機能）から分析し、言語行動についても同様に分析できることを示していた。Skinnerから始まった行動分析学のさまざまな知見がDTTの手続きにも応用されているが、行動の機能という視点は1960年代から1970年半ばまでの自閉症児に対する行動論的介入には明ら

かに欠けていたように思える。

　たとえば、「リンゴ」という発語が、聞き手によってリンゴが与えられるという結果をもたらす場合と、リンゴがテーブルに置いてあり、それを見て「リンゴ」と発語し、聞き手が「そうだね」と応答する場合では、言語行動の機能は異なっている。Skinnerは前者をマンド、後者をタクトと分類して［▶コラム6参照］、別個のオペラント行動［▶コラム4参照］であると分析している。また、この例の場合、「リンゴ」という発語が「ア〜」という発声であっても、行動の機能は変わらない。

　Lovaasらの手続きは、自発的な発声が見られたときに子どもの好きな食べ物が提供されるという手続きを反復している。これはマンドの機能をもつ言語行動の形成手続きである。しかし、この手続きを進めてリンゴの絵カードを見せたときに、「リンゴ」と発語させ、好きな食べ物が提供されるというステップに至るとき、二重の問題が生じる。

　1つは、反応と強化子との機能的な混乱である。機能的な関係から考えると、「リンゴ」という発語を強化するのはリンゴであって、決して他の食べ物ではない。しかしLovaasらの手続きでは、反応と強化子との機能的な関係が混乱しているため、簡単な言葉で述べると、「リンゴ」と発語してチョコレートを与えられたとすれば、「リンゴ」という発語がチョコレートによって強化されることになり、「リンゴ」という発語はチョコレートと同じ意味となってしまう。

　もう1つは、訓練場面で習得した発語の消去である。絵カードを見て「リンゴ」という発語をすることは、通常の生活場面ではタクトとして機能する。つまり、「そうだね」という聞き手の応答を伴う言語行動であるので、もし聞き手の言語的な応答や微笑などの社会性の強化子が十分に機能していないとしたら、訓練場面で習得した発語は生活場面では消去されることになるだろう。

　機会利用型指導法やマンド・モデル法は、子どもの言語反応と強化

子との機能的関係を確立させる手続きである。「チョコレート」という発語は食べ物としてのチョコレートで強化され、「ブランコ」はブランコで遊ぶことで強化されるといったように、訓練場面を構成する手続きである。このような手続きを実施するために、子どもの興味を引くものがたくさんある環境が訓練場面に求められるようになった。

機能の分析——困った行動

　行動の機能についての分析は、言語行動の機能の分析よりも、困った行動への対処法として発展してきた。
　DTTの最初のステップは、子どもの不適切な行動を制御し、訓練者の指示に従えるようにすることであった。着席や注目の指示に従い、かんしゃくや自己刺激行動をやめさせるために、嫌悪的な刺激が使われることもあった。
　1980年代から、困った行動の機能について分析する研究が進められてきた（Iwata et al., 1982 ; Carr et al., 1980）。行動の機能分析（Functional Analysis）とは、ある行動がどのような環境の変化によって影響を受けているかを明らかにすることであるが、簡単に表現すると、実験を通じて、ある行動が何を目的にしているかを明らかにすることであると言える。行動分析学では、行動の目的を明確にすることは、環境の変化について記述することである。
　たとえば、課題中に子どもがかんしゃくを起こし、その課題を中断するとかんしゃくが止まる場合を考えてみよう。このかんしゃく行動は、課題の中断によって減少しているので、課題を中断させるという目的をもつと考えられる。行動分析学では、「負の強化」の機能をも

つ行動であると分析される。一方、かんしゃくが他者の注目によって維持されている場合もある。この場合かんしゃくは「正の強化」によって維持されている行動である。

　行動の機能についての分析が進むにつれて、困った行動であるからといって機能分析を行わないままに、罰や消去手続きを使って行動を抑制することは不適切であると考えられるようになり、機能分析にもとづいて対立行動分化強化手続き（Differential Reinforcement of Incompatible Behaviors : DRI）や代替行動分化強化手続き（Differential Reinforcement of Alternative Behaviors : DRA）が用いられるようになった [▶コラム7参照]（Alberto & Troutman, 1994［第10章参照］）。また困った行動を、それと同じ機能をもつ言語行動に置き換える機能的コミュニケーション訓練も行われるようになった（平澤・藤原1997）。

　言語指導においてだけでなく困った行動への支援においても、行動の機能が検討されるようになってきた。このような変化は臨床研究が新しい理論や技術を導入したために起きたというよりも、これらの支援が基礎的な理論や実験研究に立ち戻ったためであると言えるだろう。

　こうして、机上学習から自由な反応場面での指導へ、特定の強力な強化子（多くの場合食べ物）から場面に沿った（機能的で）多様な強化子の使用へと訓練手続きが拡大していった。しかしこの流れは、DTTによる介入を否定して拡大してきたわけではなかった。

　機会利用型指導を用いた研究論文を検討してみると、研究の対象とされた自閉症児の多くがDTTによって絵カードの命名スキルや音声模倣スキルを習得しているか、訓練を受けていなくてもすでにそれらのスキルを習得している子どもたちであった。つまり、機会利用型指導やマンド・モデル法などの新しい技法はDTTの技法に追加される形で使われるようになったのである。

プロジェクト	研究者	対象人数	対象年齢	訓練期間	訓練時間
UCLA プロジェクト	Lovaas 1987	19名	4歳以下	2-6年	40週
May Institute Study	Anderson et al. 1987	14名	43ヶ月	1-2年	20週
Mudoch Early Intervention Program	Birnbrauer & Loach 1993	9名	39ヶ月	2年	18.72週
US-San Francisco Study	Sheinkopf & Siegel 1998	11名	3歳以下	7-24ヶ月	20週

表 1.1　EIP の成果

その他のプログラムとしては、Sundberg & Partington（1998）のエイブルズ（The ABLLS）と呼ばれるプログラムがある。

早期行動的介入（EIP）の有効性と疑問

これまでに、早期（2〜3歳）から自閉症児に行動的な介入（Early Intervention Program：EIP）を実施し、その有効性を検討した研究が行われてきた（表 1.1）。それらの研究を概観して、Green（1996）は早期の集中的な行動的介入の成果について次のようにまとめている。

（1）明らかに早期集中療育に成果が認められるが、約 10％の子どもでは効果が見られなかった。
（2）指導の開始年齢は遅くとも 5 歳以前で、2〜3 歳で始めるのが最適である。

（3）応用行動分析の専門家のスーパーヴァイズのもとで指導を行うことが重要である。
（4）成果から考えるとそのコストは最少である。

　EIPを効果的に実施していくには、いくつかの条件が必要であると考えられてきており、EIPでは、週に20時間以上の一対一の行動的介入を約2年間にわたって続けていくことが必要であるとされた。Lovaas（1987）は、約10時間の指導を受けた場合よりも約40時間の指導を受けたほうが効果的であったと報告しており、Sheinkopf & Siegel（1998）も、約30時間の指導を受けた場合のほうが約20時間の場合よりもIQの向上が見られたと報告している。

　行動的介入の時間は当然ながら指導に当たるセラピストの資質に依存するので、十分なスキルをもつ訓練者が週に10時間の指導を行うほうが、そうでない訓練者が行う30時間の指導よりも効果的であるかもしれない（Green, 1996）。

　EIPの実施には、十分なスキルをもつ訓練者とスーパーヴァイズする専門家が必要である。また、EIPを実施していくには、家族が療育の一部を担い、積極的に療育に参加していくことが必要である。しかし、家族の負担は大きく、時にはバーンアウトしてしまうケースも見られる（Lovaas & Smith, 1996）。そのため、EIPを効果的に実施するためにベビーシッターの利用を援助していくことや、参考図書の紹介、専門家のリストや関連機関のリソースリストなどの社会的サポートが重要となる（谷 2000）。

　とりわけ、家庭療育に対する経済的支援がない日本では、家庭療育に多額の費用が必要となり、経済的負担も大きい。あるケースは、週に2〜3回の学生による訪問指導を受け、2〜3ヶ月に1度の専門家によるスーパーヴァイズ、月に1度私立の療育センターでの集団指導

を受けていた。このケースの場合、それらを含めた家庭療育費用として1年間に約200万円が費やされていた。

EIPを実施したケース

次に日本でEIPを実施した症例を報告する（谷 2004）。

対象児は、訓練開始当時2歳11ヶ月の男子で自閉症と診断されていた。訓練開始当時のCARSスコア［▶コラム3参照］は44.5で重度自閉症と判定された。KIDS乳幼児発達スケールでの総合発達指数は63であった。話し言葉は偶発的に「やって」「だっこ」「いや」などが発語されたことがあったと両親から報告されたが、訓練者の初回面接中には有意味な発語は観察されなかった。身近にある事物の名称や色名に対して、指さしや選択をすることができた（約100単語）。動作模倣や音声模倣も可能であった。玩具を一列に並べること、ドアの開閉を繰り返すこと、道順や着るものに対する強いこだわりがあり、要求が通らないと頭を床に打ち付けるなどの自傷行為が見られた。対象児の家庭では、ホームトレーナーを週に20時間雇用して行動論的介入を行い、約10時間は母親もしくは父親が個別指導を行っていた。ホームトレーナーの指導は両親が主として行い、専門家は数ヶ月に1度、両親とホームトレーナーに現在の指導目標と指導手続きの説明を行い、指導手続きをデモンストレーションした。同時に、メールによるサポートを行っていた。指導手続きは、谷（2001）の方法を用いた［▶第3章参照］。

訓練の開始当初の指導目標として、「音声による命名行動の確立」を設定した。この目標の達成のため、動作による命名行動を実施し、並行して動作を伴わせながらのエコーイック（音声模倣）の訓練を実施した。その後、動作による命名にエコーイックを随伴させていった。

これらのスキルの指導は一対一の場面で行われた。

　6ヶ月後には二語文での命名や要求が可能となった。しかし、社会的な行動の習得は不十分で、同年代の子どもへの関心はほとんど見られず、大人がつねに手を引いていないと戸外に出ることは困難であった。外食は対象児の好きな食べ物（ハンバーガー）だけが可能で、対象児が食べ終わるとすぐに店を出なければいけないような状態であった。

　次に、伝言、報告、質問応答などのより高次な言語スキルの指導を行った。また、色、数、誰、どこ、などの基礎的な認知スキルの指導を行った［▶第5章参照］。これらのスキルの指導も一対一の場面で行われた。

　1年後には、簡単な質問応答が可能となり、二語文・三語文での要求や報告ができるようになった。また、「良い、悪い」や「同じ、違う」などの判断課題もできるようになった。

　この頃から、学習したスキルを日常場面で利用していくことに訓練課題を移行していった。これまで机上場面で絵カード、プリントなどを用いて行われていた指導を、床やソファーなどの自然な場面で絵本などの日常的な教材を用いた指導へと移行させていった。そのなかで、物を配る、順番を守る、他人を応援するなどのソーシャルスキルの学習を導入していった。また、机上学習では文字の読み書きとスクリプトを使ったルーティーン的な会話の学習が導入された。

　保育園では加配保育士の協力を得て、日常的にこれまで獲得したソーシャルスキルを保育園で指導することができた。この時期の目標として、自ら進んで友人に話しかけること、相手の話に合わせて適切な質問をすること、集団での遊びに参加し適切に行動ができることが設定された。

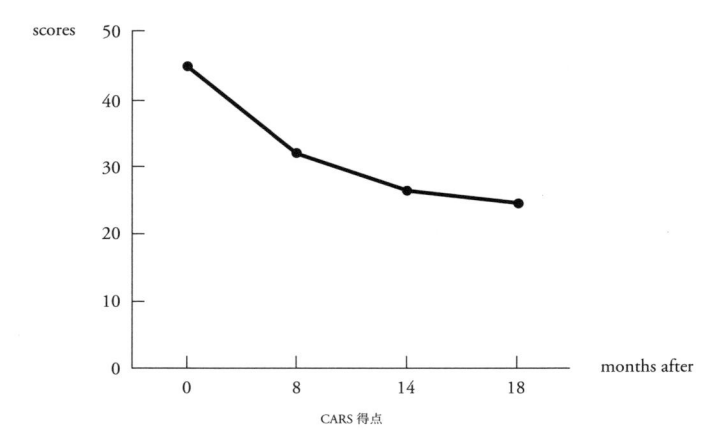

図 1.1　対象児の CARS 得点の変化（谷 2004 より）

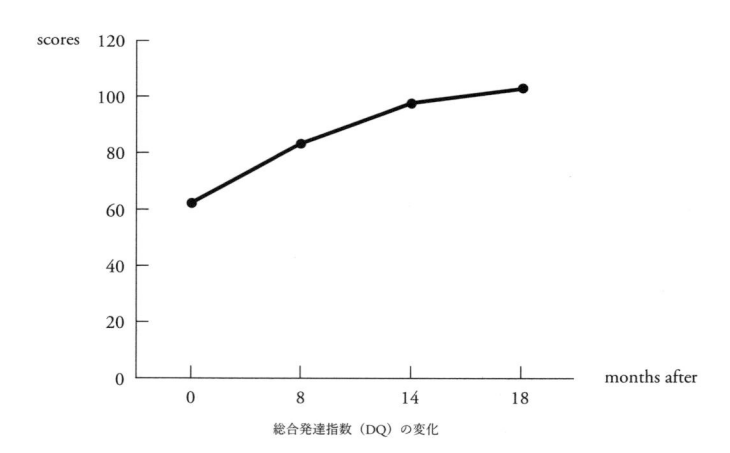

図 1.2　対象児の総合発達指数の変化（谷 2004 より）

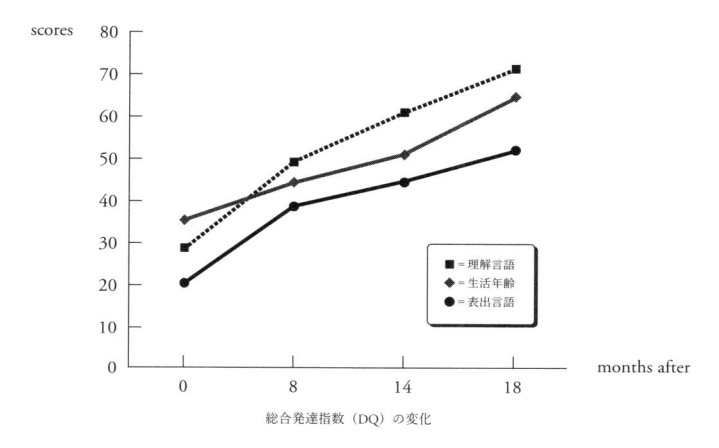

図1.3　対象児の言語領域の発達年連の変化（谷2004より）

　図1.1は対象児のCARSスコアの変化を示したものである。CARSスコアは、訓練開始後14ヶ月で30点以下となった。KIDS乳幼児発達診断スケールの発達指数は、訓練開始後18ヶ月でDQ=94を示した（図1.2）。言語領域の発達年齢も理解言語では生活年齢を上回っていた（図1.3）。また、S-M社会成熟度検査でもSQ=105であった。

　また、訓練者と同乗している車の中での会話を定点観察として、20分間会話を記録した。訓練開始後14ヶ月時点(4歳)での会話記録では、20分間に24発語が見られ、平均3.3語の長さの発語であった。1年8ヶ月後（4歳4ヶ月）の同条件での会話記録では総発語数88、平均3.7語の長さの発語が見られた。

　その後対象児は、就学時の知能検査でも問題を指摘されることなく、特別な支援なしで小学校の通常学級に在籍している。

EIPの有効性と実証性

　EIPの有効性を報告した研究は、自閉症のある子どもをもつ家族に大きな"希望"を与えた（Maurice, 1996）。そして日本では、Mauriceの書籍が翻訳出版されて以来、応用行動分析を家庭で実践する人たちが増大した。

　しかしながら、EIPの何が有効だったのか、EIPはどんな子どもに対しても有効なのか、20時間を超える一対一のトレーニングが必要なのか、専門家の関与はどの程度必要なのか、一対一の指導とグループ指導では有効性に差があるのか、などの重要な疑問に対しては今でもはっきりとした答えがないままである。

　Kasari（2002）は、Lovaas（1987）以降の包括的なEIPに関する10本の論文をレビューしている。そして、10本の論文のいずれもが、統制群や対照群を設定していない研究であり、一対一の治療が療育センターなどで実施される発達的なアプローチよりも優れているというエビデンスはないことを指摘している。また、対象児をランダムにコントロールした研究はJocelyn et al.（1998）のみであり、EIPを「十分に確立された指導法」（well-established intervention）と考えるには不十分であるとしている。

　EIPはその成果という点から見ると大きな成果を上げているが、実証的な研究としての不備も多く見られる。有川（2009）は米国におけるEIPに関する研究をレビューし、介入の有効性を強く主張するか、実証的研究としての方法論に力点を置くかという違いがあるが、日本においての追試研究や再現研究が必要であることを主張している。

機軸行動発達支援法 (PRT)

　行動論的な理論にもとづきながらも、DTT とは異なる指導手続きの開発も行われてきた。Lovaas の多くの論文の共著者である Koegel たちは、機軸行動発達支援法（Pivotal Response Training：PRT）と呼ばれる訓練手続きを開発している。

　PRT はこれまでの行動的支援といくつかの違いがある（Baker-Ericzén et al., 2007）。1 つ目は、PRT が機軸となる領域に焦点を当てている点である。機軸となる領域とは、複合的な（社会的・環境的な）手がかりに反応できるようになること、動機づけを高めること、自己管理ができるようになること、子どもが始発することの 4 つの領域である（Koegel et al., 1999）。2 つ目は、緩やかに構造化された場面で行われる自然な介入である点である。PRT では、機会利用型指導法のように自然に生じる学習機会を利用し、文脈にあった（反応と強化子との機能的な関係が保たれるような）強化子を用いる。3 つ目は、PRT が、子どもが自発的に学習を開始する機会を与えるような子ども主体の指導法である点である。

　機軸となる領域の反応が獲得されると、訓練を受けていない他の領域の行動の獲得が促進され、また日常場面での般化が促進される。また PRT は、家庭や学校など子どもが日常生活を送っている場面で、そこにかかわるすべての人たちが連携してかかわる包括的なプログラムでもある（Koegel & Koegel, 1995, 2006）。

			[日本]
構造化された訓練	1960		
	1970	新しい技法の適用	行動的介入の実施
構造化された訓練の問題点の検討			フリーオペラント法
機能分析	1980		
	1990		
			『わが子よ、声を聞かせて』
VBA（ABLLS）	2000	PRT	
	2010		

図 1.4　行動的介入の流れ

自閉症児への行動論的介入の歴史

　1960年代からの自閉症児に対する行動論的介入の歴史を振り返ると、2つの流れがあることがわかる（図1.4）。1つはDTTを指導戦略の中心に置きながら新しい技術をプログラムに付け加えてきたという流れであり、もう1つはDTTとは異なる指導戦略を取ろうとする流れである。前者には、ロバース・プログラムやモーリス・プログラム、そしてエイブルズ（The ABLLS）が入るだろう。後者にはKoegelらのPRTや日本でのフリーオペラント法が入る。
　ロバース・プログラム、モーリス・プログラム、そしてエイブルズのプログラム内容を比較してみると、3つのプログラムの類似点がよ

くわかる。Lovaasによって2003年に発表されたプログラム（Lovaas, 2003）では、図1.5のような流れでプログラムが進められるが、全部で約90個のプログラムがある。また、1996年に発表されたモーリス・プログラム（Maurice, 1996）は、初級、中級、上級と分けられた約200個の課題からできている。最近のABLLS-Rではプログラム数は500個にもなっている。どのプログラムでも、プログラムのタイムラインは、図で示したロバース・プログラムとほぼ同じであるが、モーリス・プログラムの中級、上級課題になると質問応答や社会的スキルがプログラムに盛り込まれ、エイブルズではイントラバーバル［▶第4章参照］と呼ばれる言語行動の指導がプログラムの中心に置かれるようになっている（図1.6）。

　Sherer & Shreibman（2005）は、どのような行動的介入が効果的かという観点ではなく、どのような介入がどのような子どもに効果的であるかを検討する必要があると考えて、次のような研究を行っている。彼らは、これまでの研究の蓄積データからPRTが効果的であった子どもたちとそうでなかった子どもたちとを区別するプロフィールを作成し、それにもとづいて、PRTが効果的であると予想される自閉症児3人（responders）とあまり効果が見込まれないかもしれない自閉症児3人（poor-responders）を選出した。そして、個々の6名の子どもたちに対し、一定期間PRTを実施している（respondersには6ヶ月90時間、poor-respondersに対してはPRTが効果的でないことが明らかになったため5週間で終了）。訓練開始前と訓練終了後に、標準化された発達検査や遊びや人への回避行動などについて行動観察が実施され、その変化が分析されている。その結果、respondersと予測された子どもたちは発達検査でも行動観察でも多くの改善を示したが、poor-respondersと予測された子どもたちの進歩はほとんど見られ

```
着席の形成・かんしゃくの消去 ➡➡➡➡➡
マッチングと分類 ➡➡➡➡➡➡
指示に従う行動 ➡➡➡
        動作模倣 ➡➡➡➡➡➡➡➡➡➡➡➡➡➡➡➡➡➡➡➡➡➡➡➡
           遊びのスキル ➡➡➡➡➡➡➡➡➡➡➡➡➡➡➡➡➡➡➡➡➡
              音声模倣 ➡➡➡➡➡➡➡➡➡➡➡➡➡➡➡➡➡➡➡
              単語理解 ➡➡➡➡➡➡➡➡➡➡➡➡➡➡➡➡➡➡
         お絵かき・ブロック形成 ➡➡➡➡➡➡➡➡➡➡➡➡➡➡➡➡
                身辺処理スキル ➡➡➡➡➡➡➡➡➡➡➡➡➡➡➡
               単語による命名 ➡➡➡➡➡➡➡➡➡➡➡➡➡➡
                    読み書き ➡➡➡➡➡➡➡➡➡➡➡➡
                 色・形・大きさの概念 ➡➡➡➡➡➡
                      文での表現 ➡➡➡➡➡
                        前置詞の使用 ➡
                          感情表現 ➡➡➡
 1     2     3     4     5     6     7     8     9    10（ヶ月）
```

図 1.5　ロバース・プログラムのタイムライン（Lovaas, 2003）

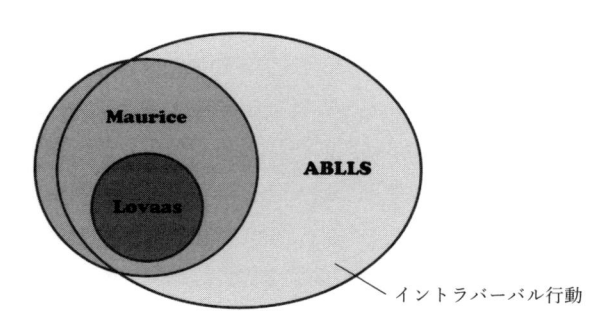

図 1.6　各プログラムの比較

（図中：Maurice、Lovaas、ABLLS、イントラバーバル行動）

	responders	poor-responders
玩具への接触／物の操作	多い	少ない
人への接近行動	−	少ない
人からの回避行動	少ない	多い
言語的自己刺激行動	多い	少ない
非言語の自己刺激行動	少ない	多い

表 1.2　行動的プロフィール

なかった。この結果から、彼らの作成したプロフィールの妥当性が確認された。

　respondersとpoor-respondersとを区別する行動的プロフィールは表1.2の通りであった。玩具を適切に使い、人が接近してきたときに回避しようとする行動が少なく、言語的な自己刺激行動（エコラリア＝聞いた言葉をそのまま口に出す行為や場面に合わないコマーシャルの反復など）が多く、非言語的な自己刺激行動の少ない自閉症児はPRTの訓練によって恩恵を受けることが多いと予想された。

　この論文で彼らは、興味深い疑問を提案している。それは、「PRTによく反応する子どもはどんな介入にもよりよく反応するのだろうか。また、PRTに反応しない子どもはどの治療に対してもうまく反応しないのだろうか」（p.536）という疑問である。そして、逸話的な報告であるとしながら、彼らの研究でPRTに反応が見られなかった2人の子どもが、その後DTTによる介入を受けて大きな進歩を示し、1名は通常学級で学べるようになったと報告している。

　この研究からも、単純にどの技法が効果的であるかという議論から、どの技法はどのような子どもに効果的なのかという視点で技法を選択していく必要があることがわかる。

家族への支援

　DTTによる行動論的介入が般化の困難性という問題に対して提案してきた解決法のひとつは、家庭療育の促進であった。訓練場面から家庭への般化を促進するために、家庭場面で訓練場面と同様の訓練を行うことが推奨された。家庭での訓練のために保護者には、訓練者と同等のスキルが求められ、共同治療者として保護者が位置づけられていった。

　行動的な家族支援を後押ししたもうひとつの理由は、DTTのコストの問題であった。週に20時間以上の一対一での集中的なEIPを行う場合に見積もられる費用は年間 \$30,000 から \$50,000（Jacobson et al., 1998）にも及ぶ。そのため、その負担を軽減する試みとして家族を共同治療者として位置づけようという試みが行われた。

　家族への支援では、行動論的介入を行うために理論と技術の指導が行われた。正の強化や消去の技法［▶コラム10参照］、課題分析［▶コラム20参照］などが保護者に教授され、効果が報告されてきた。

　日本でも、家族を共同治療者とした研究が行われてきた。日本では、行動論的介入に対する公的な支援がないため、また、臨床的な指導が大学などの研究機関を中心として行われていたため、EIPを実施する基盤が乏しかった。そのため、保護者を共同治療者とした介入が中心となったと考えられる。

　一方、障がいのある子どもをもつ家族の支援は、より包括的な立場からも検討されるようになってきた。つまり、包括的行動支援（Positive Behavioral Support：PBS）として現在知られているように、障がいのある子どもだけではなく、家族（保護者や"きょうだい"）も支援の対

象として明確に認識されるようになってきた。

　これまでの行動論的介入では、保護者が障がいのある子どもとうまくかかわるスキルを学べば、子どもとの関係が改善し、子どもの問題行動が減少し、子どもが新しい行動を学習していく機会が増大するだろうと想定していた。そして、子どもの問題行動が減少し、新しい行動の獲得が進めばそれが家族の幸せにつながると暗黙裡に想定していたと考えられる。そして、いくつかの場合その想定は現実のものとなった。

　しかしながら、容易に想像ができるように、保護者のスキルが向上しても、保護者の多くが抱えている罪悪感や責任感が軽減するとは限らない。罪悪感や責任感を回避するために行動的なスキルを用いた家庭療育が行われると、罪悪感や責任感がますます増大し、家庭療育からドロップアウトする例やメンタルヘルス上の問題を抱える例も生じてきていた。現在に至るまで、保護者のメンタルヘルスに対する支援は今後に残された大きな課題となっているが、ACTを用いた家族支援など新たな展開も生まれつつある［▶第2章参照］。

アスペルガー障がいとSST・CBT

　自閉症は、多様な状態を示す障がいである。ある者は、まったく話し言葉をもたないままであるし、ある者は日常のコミュニケーションにほとんど問題を示さない。また、ある者は他人に興味を示さないが、一方である者は、他人に興味関心をもち社会的な関係をもちたいとも望んでいる。

　日常のコミュニケーションに問題がなく、他人に興味関心をもちた

いと望んでいるが、他人との関係がうまく取れない自閉症はアスペルガー障がいと呼ばれている。アスペルガー障がいのある人では、二次的障がいによって自己肯定感や自尊心が低くなり、それらがもともと困難であった他者との社会的交流をいっそう困難にしている。

　言語行動は、話し手と聞き手の関係に影響を与え合う行動である。Skinner（1957）は言語行動を「言語コミュニティの成員によって強化される行動」と定義した。言語行動は、音声によるものだけでなく文字や動作や表情など、行動の形態にかかわらず、聞き手に（話し手自身が聞き手になることを含めて）どのような影響を与えるかという視点（機能）で分析される。言語行動は、人（自分自身を含めて）に向けて自発され、聞き手が介在する形で強化を受け、同じ言語共同体の成員間で成立するという3つの要件を満たしている行動である（小野2005）。したがって、社会活動を営むことに支障がある社会性の困難の多くには、言語行動が関与していると考えることができるだろう。

　アスペルガー障がい児・者への行動論的介入ではソーシャルスキルトレーニング（Social Skills Training : SST）と認知行動療法（Cognitive Behavioral Therapy : CBT）が用いられてきた。

　SSTでは様々なスキルの獲得が目標とされた。たとえば、あいさつをする、相互関係を自分から開始する、他者を褒める、役割交代をする、物を共有するなどである。SSTは臨床場面で広く用いられている技法であるが、SSTの実証的なエビデンスは十分ではない。

　Rao et al.（2008）は、アスペルガー障がい、あるいは高機能自閉症と診断された参加者にSSTを実施した研究をレビューしている。レビューの対象となったのは、参加者が18歳以下で、実験デザインを用いた（介入グループと対照群あるいは統制群を設定しているか、単一被験者実験デザインを用いている）研究であり、なおかつソーシャ

ルスキルの変化を直接的な尺度を用いて測定している研究であった。ただ、この基準に当てはまる研究は 10 本にすぎなかった。

　これらの研究のうち、7 つの研究が SST の治療効果をポジティブなものと報告しているが、いくつかの研究ではその効果はアウトカム尺度の一部、あるいは一部の参加者にしか効果が見られないなど部分的であった。ソーシャルスキルは訓練場面外の日常生活やコミュニティ場面で使用されるようになってこそ本来の意味がある。それにもかかわらず、効果を報告した 7 つの研究のうち 2 つの研究だけしか日常生活への般化が測定されなかった。その一例として、Barry et al.（2003）の実施した研究は、訓練で獲得したスキルのうち一部でしか般化が見られなかったことを報告している。

　SST は臨床場面で広く用いられているにもかかわらず、アスペルガー障がいや高機能自閉症のある人に対する SST の有効性を支持する実証的な証拠は、現時点では"minimal"なものである（Rao et al., 2008）。

　CBT はそれまでの行動療法の技法に日常思考記録（Daily Record of Dysfunctional Thoughts : DRDT）や認知再構成法など、認知を扱う技法を取り入れている。考えや感情など外部からは直接観察できない私的出来事を変容することで、CBT は行動の変容を試みる。DRDT は、どのような状況下でどのような思考が出現し、その結果どのような感情や行動が生じたのかを記録していく技法だが、その際、思考は不合理あるいは合理的な思考に分類される。これに加えて、認知再構成法を用いて不合理な思考を合理的な思考に変容することが、セラピストとの共同作業の下で試みられる。CBT は現在、うつ病や不安障がいに対して効果の実証された介入としてその地位が確立している。

　Wood et al.（2009）は、自閉症、アスペルガー障がい、あるいは

PDD-NOS と診断され、不安障がい（分離不安、社会性恐怖（social phobia）、強迫性障がい）をもち、向精神薬（psychiatric medication）の服用をしていない、あるいはベースライン中に服薬量を変化させていない、という基準に合致する 40 名の研究協力者を介入群とウェイティングリスト群にランダムに振り分けて CBT の効果を比較している。そのうえで、彼らは標準的な CBT プログラムをアスペルガー障がいの特徴に合わせて変更を加えている。アスペルガー障がいの子どものソーシャルスキルの低さ、適応的スキルの低さ、限局された興味やステレオタイプ、注意や動機づけの低さ、破壊的行動などの困った行動に対応できるようにプログラムの変更が行われた。たとえば、ソーシャルスキルの指導を子どもだけでなく保護者にも実施し、さらに学校場面や家庭で社会活動に参加する前にコーチングを行っている。加えて、学校場面での社会的な孤立を防ぐために、"peer buddy" を設けてメンタープログラムを実施している。また、アスペルガー障がいの子どもたちの限局された興味や関心に対しては 2 つの方法で介入が工夫されている。1 つは、子どもの興味や関心に合わせて、たとえば特定のキャラクターなどを例として用い、キャラクターの感情や考えを不安喚起場面で考えさせる方法が用いられている。もう 1 つは、介入の後半になって、限局された興味や関心にとらわれる時間を「抑制する」練習が行われている。

　このプログラムでは、毎週 90 分のセッションが 16 週にわたって実施された。その結果、介入群では構造化された不安評定による不安の重症度、保護者による不安評定は有意に減少していた。しかし、子ども自身による不安評定には有意な変化は見られなかった（ウェイティングリスト群も介入群もともに不安の自己評定スコアが減少していた）。

　Wood et al.（2009）の研究は、CBT と SST とを併用したプログラム

であると考えられるが、一方、Sofronoff et al.（2005）は、10歳から12歳までの71人のアスペルガー障がいの子どもを対象に、不安に対するCBTプログラムの有効性と、子ども単独で実施するCBTと保護者を含んだCBTの効果の違いについて検討している。子どもたちは、ウェイティングリスト群、子ども単独実施群、子どもと保護者の並行実施群の3つの群にランダムに割り当てられた。子ども単独実施群では、3人の子どもに2人のセラピストが参加するグループが作られ、CBTプログラムが実施された。このCBTプログラムでは、未知の惑星を探検する宇宙飛行士をテーマにしてプログラムが構成されている。楽しい感情や不安な感情を探索し、それを和らげるツールとして、感情を修理するツール（情緒的エネルギーを発散するツールとしてトランポリンやジョギング）や社会的なツール（言葉かけや安心の保証など）を使いながら、不安な感情に対処することを学ばせている。CBTプログラムは1回2時間で6セッションが行われた。

　子どもと保護者の並行実施群では、子どもへのCBTの実施に加えて保護者は、2つのグループに分かれて共同治療者としてのトレーニングを受けた。保護者には様々な状況下で子どもたちが学習したスキルを使用することを励ましたりコーチしたりすることが求められた。

　CBTプログラムが実施された2つの群では、実施前とプログラム終了後6週間目のフォローアップで、保護者による不安に関する報告（the Spence Child Anxiety Scale-Parent：SCAS-P）、"James and The Maths Test"と呼ばれる不安に対する対処法を考え出すテストと、保護者による社会的な心配のレベルの報告（the Social Worries Questionnaire-Parent：SWQ）で有意な変化が見られた。一方、ウェイティングリスト群では、有意な変化は見られなかった。

　これらの結果から、Sofronoff et al.（2005）は、CBTがアスペルガー障がいのある子どもの不安に対する効果的な介入法であること、保護

者がプログラムに参加することに大きな利点があると主張している。

　しかしながら彼らも述べているように、この研究で収集されたデータの多くが保護者による評定であり、保護者の期待が結果に反映されている可能性がある。また、保護者の評定には保護者自身の不安の低減が関与しているかもしれないと考えられた。

　これらの研究で報告されているように、CBT はアスペルガー障がいの特性に合わせて変更され、保護者を含めたプログラムとして実行されると、彼らのもつ不安に対して有効な介入方法となるだろう。CBT を用いた多くの研究が介入前後の測度の変化を比較するという方法で実施されている。測度は介入後に変化を見せるが、その変化がどのようなプロセスを経て生じたのかは明らかにされていないことが多い。Wood et al.（2009）や Sofronoff et al.（2005）の研究でも、不安が低減していることは示されているが、CBT の実施によって何が変化し不安の低減をもたらしたのかは明確になっていない。

今後の展開

　SST は、どのような場面でどのような行動をすることが適切かを学ぶスキルトレーニングである。あいさつの仕方、時間の管理の仕方、話し方など多くのスキルが、社会生活上で必要とされる。それらのスキルを実際の場面で適用しようとすると、認知的な問題に対処することが必要となることが多い。相手の顔を見て、笑顔で「おはよう」という行動をするためには、「あの人は私のことをどう思っているのだろう」「ひょっとして私を嫌っているかもしれない」「怖い」などの認知や感情に対処することが必要となる。そのため、SST には CBT の

要素を含めていくことが必要となる。

　アスペルガー障がいのある子どもや青年にCBTを適用するには、さまざまな工夫が必要になる。CBTの要素には、認知や感情を観察すること、それを記述すること、そして習慣化された認知を修正することが含まれている。それぞれの要素に対して、アスペルガー障がいの子どもや青年が学習しやすい工夫をすることが、今後の研究に求められている。Sofronoff et al.（2005）が用いたように、参加者が楽しみながらCBTプログラムに参加できるようなストーリーを用いたり、感情や認知を視覚的に表現するツールを用いたり、造形やダンスなどの芸術的な表現活動も用いることができるかもしれない。それらの工夫の効果を実証的に示し、公表し、共有していくことが必要である。

コラム1　ABAを学ぶ

自閉症の子どもたちへの療育にはいろいろな方法が用いられていますが、応用行動分析（Applied Behavior Analysis：ABA）は行動に焦点を当てて問題を解決する「考え方」を学ぶことです。このコラムでは、自閉症の子どもたちへの療育を実施するにあたっての基本的なABAの専門用語を解説し、課題場面から日常生活のあらゆる場面で自閉症の子どもたちを指導するときに必要な最低限の知識を取り上げていきます。　　[yayoi]

コラム2　行動とは？

子どもの様子を具体的に記述してみましょう。「身の回りのことは自分でできる」「お友達と仲良く遊ぶ」という目標を設定することや、「言葉を理解できません」「うるさくてたいへんです」などのようなあいまいな言葉で子どもの様子を表現することは、ABAを用いた療育にはなじみません。ABAでは、行動を観測・測定できるように記述します。

たとえば「身の回りのことが自分でできる」という目標は、「服を自分で着ることができる」「食事を一人で食べることができる」「一日のスケジュールを自分で立てることができる」のように具体的な行動で記述しましょう。「言葉を理解できません」ということは、ジュースとかスプーンという名詞がわからない、「手を洗ってから席に座ってね」という2段階の指示に従えない、というように具体的に記述しましょう。

行動は、形成したり、増やしたり、減らしたりすることができるもので、「死人にはできないこと」です。ですから「○○しない」「○○していない」という記述は適切ではありません。　　[yayoi]

コラム 2 問題 [yayoi]

次の文章の下線部を「行動的な記述」に書き換えましょう。

　　みちこちゃんが<u>お友達と仲良く遊ぶ</u>。

コラム3　CARS／M-CHAT

CARS は、E・ショプラーによって作成された自閉症の診断のための尺度です。CARS では 30 点以上が自閉症と診断され、37 点以上は重度の自閉症と診断されます。自閉症の診断のためのチェックリストとしては、乳幼児自閉症チェックリスト（M-CHAT）や、診断と支援ニーズを把握する評定尺度であり日本自閉症協会が作成した広汎性発達障害日本自閉症協会評定尺度（PARS）などがあります。

CARS の項目には、「おもちゃやその他のものへの適切な興味と扱い方」や「言語性のコミュニケーション」「情緒反応」などがあります。それらの項目に対して、「同年齢の子どもと比べて正常範囲である」から「同年齢の子どもに比べて重度の異常を示す行動である」までを 4 点満点で評価するテストです。CARS の評価は、十分な訓練を受けた人が実施しなければなりません。

M-CHAT は、自閉症の早期診断に用いられるツールです。「あなたがお子さんの顔を見たり、笑いかけると笑顔を返してきますか？」などの 23 項目の質問に「はい／いいえ」で回答するテストです。国立精神・神経センター精神保健研究所の神尾陽子先生が日本語版を作成しています。

コラム4 行動の2つの種類

行動はレスポンデント行動とオペラント行動の2つに分けられます。レスポンデント行動とは、熱い鍋に触ったときに手を引っ込める、目に何かが飛んできたときに目をつぶるといった行動です。オペラント行動とは、火事を発見したときに電話をかける、ジュースを買おうと自動販売機にお金を入れるといった行動です。レスポンデント行動は、行動に先行する刺激によって誘発され、生得的に決定された刺激ー反応関係から発展している行動です。一方オペラント行動は、個体が自発し、行動の結果によって出現頻度が変化する行動です。　　　　　　　　　[yayoi]

コラム4 問題 [yayoi]

次の文章のなかから、行動に下線を引き、レスポンデント行動かオペラント行動かを書きましょう。

　山田さんが歩いています。鈴木さんは車の運転をしています。山田さんは前から来るベビーカーをよけようと車道に出ました。それを見て、鈴木さんはクラクションを鳴らしました。山田さんはクラクションの音でびっくりして心臓がどきどきしました。

コラム5 レスポンデント行動

パブロフの犬の実験を例に、レスポンデント行動を説明してみましょう。食べ物（刺激）を口の中に入れると唾液（反応）が出てきます。この刺激－反応関係は生得的なものです。食べ物は無条件刺激（Unconditioned Stimulus：UCS）、唾液反応は無条件反応（Unconditioned Response：UCR）と呼ばれます。唾液を出現させることに対して無関係な刺激もいろいろあります。たとえば、メトロノームの音は唾液を出現させません。メトロノームの音は唾液反応に対して中性刺激（Neutral Stimulus：NS）と呼ばれます。

食べ物とメトロノームの音を何度も繰り返し、同時に提示するとどうなるでしょうか。犬は、メトロノームの音を聞いただけで唾液反応を起こすようになります。唾液反応に無関係な刺激であったメトロノームの音が唾液反応を起こすようになったので、このとき、メトロノームの音を条件刺激（Conditioned Stimulus：CS）と呼び換えます。条件という言葉は、「学習性の」という意味です。条件刺激によって出現した唾液反応は条件反応（Conditioned Response：CR）と呼ばれます。

パブロフがこの現象に気が付いたのは、餌を与えに来る実験者の靴音を聞いただけで犬の唾液反応が出現することからでした。このとき靴音は条件刺激となっていたのです。

条件づけられた刺激は、類似した刺激にも影響を与えます。たとえば、100拍のメトロノームの音と食べ物を同時提示すると、80拍や120拍の音でも唾液が出てきます。このような刺激の類似性にもとづいた反応の広がりは、般化と呼ばれます。条件刺激となった刺激が無条件刺激の提示なしで反復されると、やがて唾液反応は起きなくなっていきます。これは消去と呼ばれます。　　　　　　　　　　　　　　　　　　　　　　　[yayoi]

コラム 5 問題 [yayoi]

次の文章を読んで、無条件刺激、無条件反応、条件刺激、条件反応を見つけましょう。

　A君は公園に行ったときに犬にかまれました。心臓がドキドキして、冷や汗がいっぱい出ました。その後、公園に行くだけで心臓がドキドキして、冷や汗が出るようになりました。

コラム 6　マンド／タクト

マンド（mand）、タクト（tact）、イントラバーバル（intraverbal）、エコーイック（echoic）などの言葉は、Skinnerの造語です。マンドは命令（command）や要求（demand）などの言葉から由来しています。マンドは、摂取制限がある状況で（たとえば、のどが渇いているとか、欲しいものが手の届かないところにある）、自発した行動が聞き手によって解消されるように機能する（つまり、水を持ってくるとか欲しいものを取ってあげるなど）言語行動です。つまり、マンドは特定の強化子を指定するような働きをする言語行動と言えます。一方、タクトは、事物を見たり、触ったり、感じたりすることで自発する行動で、「正解」や「そうだね」、うなずきなどの聞き手の行動によって強化されます。タクトは、事物と行動との一致によって、聞き手から強化されます。話し手がコップを見て、イスと言ったとしても、事物（コップ）と行動（イスという発語）が一致していないので、聞き手は強化しないでしょう。

コラム7 DRI ／ DRA ／ DRO ／ DRL

行動分析学は正の強化にもとづく行動の変容を目指しています。正の強化は、行動を増大させるときにだけ用いられる原理ではありません。行動を減少させるときにも用いることができます。DRIやDRAなどは、すべて行動を減少させる手続きで、分化強化（differential reinforcement）という手続きを使っている点で共通しています。そのため、DRという言葉がすべての手続きについています。DRIは対立行動分化強化（Differential Reinforcement of Incompatible Behavior）の略です。この手続きでは、減少させたい行動と同時にできない行動を正の強化を用いて増大させ、減少させたい行動には消去を行うことで、減少させたい行動を減少させていきます。DRAは代替行動分化強化（Differential Reinforcement of Alternative Behavior）は、減少させたい行動と機能的に同一の行動を増大させることで、減少させたい行動を減少させます。DROは他行動分化強化（Differential Reinforcement of Other Behavior）と呼ばれます。この手続きでは、減少させたい行動が出現していないとき、あるいはその他の行動を行っている時に強化を随伴します。DRLは低頻度行動分化強化（Differential Reinforcement of Low Rate Behavior）で、行動が減少することに対して強化が随伴されます（詳しくは、Alberto & Troutman（1994）を参照してください）。

第2章
新たな取り組みへ向けて

言語行動の基礎研究

　これまで概観してきたように、言語行動への行動論的介入は多くの成果を上げ、同時に技法上の改良が行われてきた。加えて、言語行動への介入に機能的な分析を取り入れる必要性が認識されるようになり、言語行動の基礎研究に立ち戻ろうという動きが見られはじめた。

　Skinner（1957）が *Verbal Behavior* を著して以来、言語行動の基礎研究として多くの実験的な研究が行われてきた。そして、言語行動が他の行動と同じように先行刺激や結果刺激との関係（随伴性）から分析可能で、先行刺激や結果刺激の操作によって変容可能であることが示されてきた。

　しかしながら、人が言語行動をどのようにして獲得していくのか、そのプロセスや必要な条件については明確にならないままであった。Skinner の分析では、言語が人と人との関係性のなかでどのように機能するかについての分析が行われていたが、どのように獲得されるかという点については概観的にしか触れられていなかった（Skinner, 1986）。そのため、発達障がいのある子どもたちの言語指導にかかわる臨床家は、試行錯誤を繰り返してきた。その 50 年間の試行錯誤は、あらためて言語行動の複雑さを明らかにしてきた。

　つまり、単純に発声を強化し増大させるだけでは機能的な言語行動の獲得にはつながらないし、絵カードの命名や選択ができても訓練場面外でその反応を維持するためには特別な指導が必要であった。そして必然的に、自発的な言語行動の獲得にはさらに別の指導が必要とされた。

　言語獲得がどのようにして進むのかという問題に対する行動論的な

理論からの説明は、発達心理学者や教育学者、言語学者など他領域の研究者を十分納得させるものとはならなかった。世界中の子どもたちの多くが同じ時期に言葉を話しはじめるし、われわれは直接聞いたことも教えられたこともないような新しい言葉を作ることができる。また、無限に新しい文章を創造することができる。これらのことが単純な学習から生じるという説明は、彼ら他領域の研究者を十分納得させる説明とはならなかったのである。

刺激等価性と関係フレーム理論

　この50年間に言語行動の獲得過程に関する行動論の立場からの研究は成果を上げてきた。そのひとつが、直接訓練されないで出現する関係性（派生的関係）に関する研究である（Sidman, 1994）。
　たとえば、刺激Aと刺激Bが関係づけられ（A-B関係）、さらに刺激Bと刺激Cが関係づけられたとき（B-C関係）、直接訓練されていない関係（B-A、C-B、A-C、C-A関係）が出現する。この直接訓練されていない関係は派生的関係と呼ばれる。Sidman & Tailby（1982）は、これらの派生的関係を対称律（B-A）、推移律（A-C）、等価律（C-A）と呼んでいる。Sidman（1971）の最初の報告以来、このような関係性に関する多くの研究が行われてきた。
　「A-B関係とB-C関係が訓練によって関係づけられたら、その他の関係も直接訓練なしで出現してくる」という現象は、日常的に言語を使っている多くの人にとって、至極当然のことのように思えるだろう。たとえば「りんご」という文字刺激が提示されたときリンゴの絵カードを選択する訓練を受け、次にリンゴの絵カードが提示されたと

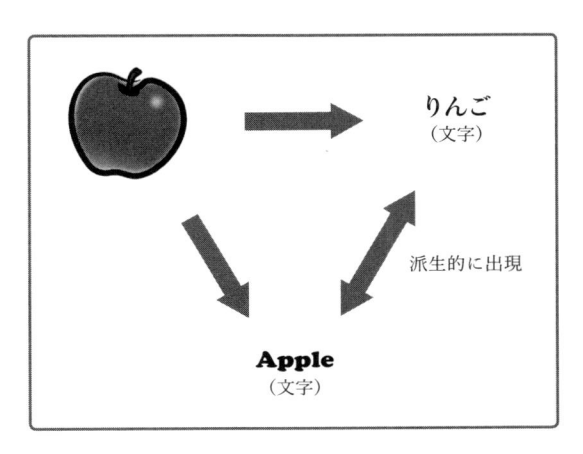

図 2.1　派生的関係

き Apple という文字カードを選択する訓練を受けた場合を想定してみる（図2.1）。この2つの関係を学習するだけで、リンゴという文字カードを提示されたときに Apple という文字カードを選択できるようになるだろう。また Apple という文字カードを提示されても「りんご」という文字カードを選択できるようになるだろう。

　このようにある刺激から派生的関係が生じることを刺激等価性と呼ぶが、この刺激等価性は、直接学習されていない関係の出現を実験的に証明し、刺激と刺激の関係づけが無限に広がっていくことを説明することができた。ヒト以外の動物を対象とした刺激等価性研究では、アシカを除いて他の動物では派生的な関係の出現が見られていない（Schusterman & Kastak, 1993）が、人の場合には2歳前後でもいくつかの派生的関係が見られることが報告されている（Hayes, 1994；Lipkens et al., 1993）。また、派生的な関係が年齢の経過とともに成立していくことも報告されている。Luciano et al.（2007）は、生後15ヶ月24日

聞き手行動の学習	エコーイック行動の学習
人間の音声の弁別	発声のための準備段階
共同注視スキルの確立	音声模倣の発現
「もの」とその名前との対提示	エコーイック行動の潜在化
習慣的行動の成立	

表 2.1　前言語的スキル

　の乳児に派生的関係の出現に関する実験を継続的に（23 ヶ月 25 日まで）実施している。その結果によれば、対称律は 16 ヶ月 25 日に成立し（もちろん訓練を受けた後であるが）、推移律、等価律は 19 ヶ月で成立していた。
　これらのことから、刺激等価性は言語や象徴機能の成立と深く関係していると考えられた。
　刺激等価性の成立を、Horne & Lowe（1996）は初期の言語獲得のプロセスと関係づけながら説明している。彼らの考えは小野（2005）や谷（2001）でも紹介されているが、初期の言語行動（Horne & Lowe が名称関係と呼ぶもの）には、それを学習するために前もって獲得しておく必要のあるいくつかのスキルがあると考えられた。そのスキルは大きく 2 つに分けられる（小野 2005）。1 つは聞き手行動の学習で、もう 1 つはエコーイック行動の学習である（表 2.1）。これらのスキルは、言語発達研究のなかでは以前から指摘されていたことでもあった。たとえば Bruner（1975）や Bates et al.（1975）は、音声言語の獲得の前に前言語的な言語行為があることを指摘している。
　表 2.1 のスキルを検討してみると、いくつかのスキルは DTT のプログラムで目標行動とされているものである。しかしながら DTT では、それぞれのスキルが相互に関連づけられることなく、独立したス

キルのように訓練されてきたように思える。Bruner（1975）やBates et al.（1975）の発達研究でも、Horne & Lowe（1996）においてもこれらのスキルは、相互に関係づけられて統合されたひとつのスキルとなると考えられているが、この考えが指導プログラムに反映されることはなかった。

刺激等価性の成立

　刺激等価性が成立すると次のようなことが可能になると予測される。音声刺激（A）に対して事物（B）の選択ができるようになると（すなわち、言語理解）、音声刺激（A）と事物（B）はイコールの関係で結ばれる（A=B）。その音声刺激を模倣できるようになると（エコーイック）、この模倣反応（R）はイコールの関係（A=B）を通して推移し、事物（B）に対して生じ、事物を命名できるようになるだろう。

　たとえば、「ワンワン」という言葉（A）に対して、犬の絵カード（B）を選択できるようになり、「ワンワン」という言葉を模倣できるようになると（R）、犬の絵カードを見て「ワンワン」と言う（命名する）ことができるようになる。

　つまり、理解言語とエコーイックを学ぶことで、直接命名する訓練を受けなくても、発語ができるようになる。実際、定型発達の子どもたちの多くが、理解言語を教えられるだけで発語できるようになるのは、この刺激等価性による命名のメカニズムによる。

　さらに、犬の絵カード（B）と犬のぬいぐるみ（C）が対応させられると、これらの刺激間にもイコールの関係が形成され（B=C）、直接関係づけられていない派生的な関係が出現する（A=C）。そして、「ワ

ンワン」という音声（A）に対して形成されたエコーイック反応（R）は、これらの関係性を通して推移していく。すなわち、「ワンワン」という音声刺激に対して犬のぬいぐるみを選択することができ、犬のぬいぐるみを命名することもできるようになると予測される。

　直接訓練を受けないで生じる異なる刺激間の関係、すなわち派生的関係を生み出す能力がどのようにして形成されるのかという点について、これまで 2 つの説明がなされている。1 つは Naming Theory (Horne & Lowe, 1996) からの説明であり、もう 1 つは関係フレーム理論 (Hayes et al., 2001) からの説明である。Naming Theory は、話し手としての行動レパートリーと聞き手としての行動レパートリーを協同させる名称関係（naming）に焦点を当てて、両者間でのすりあわせが派生的関係を生むと説明している。一方、関係フレーム理論では、刺激間の双方向の関係を多くの範例を通して学習すること（Multiple-exemplar Training : MET）に焦点を当てて説明している。

　派生的関係を生み出す条件については未解決な問題が多い。しかし、その条件が明らかになれば、自閉症児の言語指導プログラムも大きく変わってくるだろう。基礎研究の成果を臨床研究に応用し、臨床研究の課題を基礎研究に提案する、そういった基礎と臨床のリンクを深めていかなければならない。

アスペルガー障がいと言語

　SST では、さまざまなソーシャルスキルの形成が試みられてきた。あいさつをすること、会話を始めることなどである。SST の研究が示

しているのは、SSTはスキルの学習には有効であるが、生活場面への般化には疑問が残るということであった（自閉症児の言語訓練の歴史と同じように）。そのため、訓練したソーシャルスキルが実際に用いられる場面で、他の子どもたちを巻き込んだ訓練が求められている。

　ソーシャルスキルを機能（話し手と聞き手の相互関係）という視点で考えてみよう。朝、友達に会ったら「おはよう」とあいさつをするというソーシャルスキルを学習した子どもを考えてみる。その子どもが「おはよう」とあいさつをしても他の子どもたちは無視をするが、「オッス」と言えば返答してくれる場合、SSTで学習したスキルは機能的には成立しない。つまり、ソーシャルスキルが機能的に成立するかどうかは、その子どもの属するコミュニティに依存しているので、どのようなソーシャルスキルを目標とするかは、指導の対象となっている子どもの属しているコミュニティの分析から始めることが重要となるだろう。

　そうなれば同時に、障がいのある子どものスキルだけに課題があるのではなく、聞き手となる周囲の子どもたちのスキルも課題となる。周囲の子どもたちを巻き込んだ訓練が効果を上げているのは、このためであると考えられる。これまでのSSTは障がいのある子どものスキルに焦点を当てており、周囲の子どもたちのスキルやそれを形成する学級経営という視点が明らかに欠けていた。

実践報告──アスペルガー障がいへのSST

　次に紹介する事例は、アスペルガー障がいと診断された女子の保育園での実践報告である。

友達との共有体験を利用する

　　Aちゃん（3歳）は、両親と3人家族で、2歳8ヶ月のときにアスペルガー障がいと診断された。Aちゃんからは友達への相互的なかかわりはほとんど見られず、頻繁に保育園の部屋から出て行くようになった。周りの子どもたちは食事のとき、「Aちゃん　いっしょにたべるよ　いちにのさーん」と、保育士がやるように声をかけてくれ、一口食べると「イエ〜イ」とハイタッチしてくれる。友達が持っているお人形が欲しくて、「それは　わたしのよー」と怒っているAちゃんに、「Aちゃん　おにんぎょう欲しいん？　"かして"って言うねん　言ってみ」と、優しく言ってくれる子どもなど、Aちゃんにかかわろうとする子どもたちも多い。そこで、Aちゃんと子どもたちとの共有体験を遊びのなかに取り込んでみようと考え、双方が楽しめた"プール遊び"を実施した。

　　Aちゃんに、「プールごっこしようよ」と誘いかけても、知らん顔をされるのはわかっているので、まず（1）「友達が楽しそうに遊んでいるのを見せる」ことにした（Aちゃんが登園し、促されながら支度をしているときにスタートする）。ままごとコーナーで遊んでいる子どもたちに「暑いわねぇ　プールに行かない？」ともちかける。子どもたちは「うん　行く行く」と積極的である。ままごとコーナーから一歩出ると、プールに見立てて、ついこの間のプール遊びのさまざまな場面を大袈裟に再現していく。子どもたちは楽しそうにキャッキャッと甲高い声を上げて遊びはじめている。頃合いを見計らってAちゃんに、「今からプールに行くんだけど　一緒にどう？」と誘いかける。するとAちゃんは、すんなり受け入れ、みんなと楽しそうにプールごっこを始めた。はじめのうちこそみんなに合わせていたが、そのうち指図しはじめた。Aちゃんは、テンションが上がると力のコント

ロールができなくなる。そのうち、子どもたちが振り回され、転倒する場面が目に付きだした。

　そこで、(2)「テンションが上がりきる前にクールダウンの場面をつくる」ことにした。Aちゃんのテンションを抑えるため、雨宿り・こうら干しなど静止の場面を入れたり、家に帰る場面を入れたりして、繰り返し楽しんだ。

　翌日もAちゃんは上機嫌で友達とプールごっこを楽しんでいた。このプールごっこはしばらく続き、その後も新たなごっこ遊びを展開させながら、Aちゃんを巻き込んでいった。もうAちゃんが部屋から飛び出して行くことはなくなっていた。

友達との共通場面を設定する

　Aちゃんが5歳になったとき、お泊まり保育が行われた。お泊まり保育中の"きもだめし"については、子どもたちは「すごく怖いらしい」「○○オバケや△△オバケが出るらしい」と、噂を始めていた。Aちゃんは、オバケの出てくる絵本やお話には興味があるが、"きもだめし"については、頭の中で想像が膨らみすぎて、怖さがピークに達しているようであった。保育士が「"きもだめし"なんて怖くないわよ」「オバケが出てきたら　やっつければいいんじゃない？」などと話をすると「でもね　でもね……」と言ってAちゃんはますます混乱していった。

　いよいよ"きもだめし"の時間がやってきた。やはりAちゃんは、「怖いの」「しないの」などと渋っているので、(1)「怖さのレベル表を見せる」ことにした。レベル表は、「レベル3＝ちょっとこわい」「レベル2＝ふつう」「レベル1＝やさしい」の3段階に設定してある。

　怖さのレベル表のことを全員に説明し、全員が自分の好きなように"きもだめし"の怖さのレベル設定ができることを伝えた。しかし、

Aちゃんは、気持ちに折り合いをつけることが難しかったようで、「しないの」の一点張りであった。そこで、(2)「"きもだめし"しません宣言」をさせた。「レベル表には"しないの"というのはありません。じゃ、"きもだめし　しません"って中に入って言ってきなさい」と言うと、「うん」と弱々しい声で答えた。返事はするものの、なかなか足が動かない。保育士がAちゃんを抱いて部屋の中に入る。部屋に入っても暗いだけで何も起こらないので、Aちゃんは、あたりを見回す余裕が出てきた。部屋の真ん中でAちゃんを下ろすと、自ら「きょうは　しません」と大きな声で宣言し、後はゆっくり歩いて部屋を出ることができた。ゆっくり歩きながらオバケの観察をしていたようで、控室でみんなと、"どんなオバケがいたか"について話が盛り上がっていた。Aちゃんは、「わたしね"きょうは　しません"って言ったのよ」と、参加の仕方は他児とは違ったが（しないという参加の仕方）、自分が参加できたことを友だちに得意げに話していた。
　この事例では、Aちゃんの行動が適切に予測され、場面設定を工夫することで、周囲の子どもたちの行動とAちゃんの行動が同時に変容することが試みられている。また怖さのレベル設定に関してAちゃん専用の特別な設定ではなく、すべての子どもに同一の設定がなされることで、他の子どもとの相互関係を促進していることにも注目したい。

言語ルールとソーシャルスキル

　子どもの属するコミュニティのなかで求められるソーシャルスキルは変化していく。たとえばクラブ活動には特有のソーシャルスキルがあるし、年代が変わるとソーシャルスキルは変化するだろう。コミュ

ニティに合わせて自身の行動を柔軟に変化させていくことが求められ、これに応える社会的な能力が、ソーシャルスキルである。

コミュニティのなかに成立している強化随伴性［▶コラム 9 参照］にさらされることで、行動の変化が起きるようになることが求められる。「おはよう」とあいさつをすれば返答が得られる（あいさつが強化される）環境では「おはよう」というあいさつをし、そのあいさつが強化されない環境では、別の行動を試し、強化される行動を試行錯誤していくことになる。

ある行動がうまくいく（強化される）環境ではその行動が維持され、うまくいかない環境では別の行動が試され（自発される）、新しい行動が形成されていく。このような状態は、強化随伴性に対する感受性が高いと表現される。

これまでの言語行動に関する研究は、強化随伴性に対する感受性の問題についても重要な知見を提供している。

強化随伴性に対する感受性には言語行動が関与していることが、さまざまな実験で検討されてきた（小野 2001；松本 2006）。言語ルールは、先行刺激、反応、結果の間の関係を記述した言語行動で、たとえば反応 − 結果間の関係を記述した言語行動は「〜すると…となる」という形で記述する。たとえば、「廊下を走ると叱られる」「目を見て話をすることが正しい」などである。

言語ルールは人の行動にさまざまな影響を及ぼしている。幼稚園で先生が「廊下は走ってはいけません。ぶつかってけがをするから」と言うと、いくつか例外はあっても基本的には、すぐさま子どもたちは廊下を走らなくなるだろう。仮に直接の経験（廊下を走って友達とぶつかった）を繰り返さなくても、行動の変容が起きる。このように、言語ルールは速やかに人間の行動をコントロールすることができる。

一方で、言語ルールにもとづく行動は、環境の変化に対する感受性

を低下させ、時にはうまくいかない行動を続けさせるような効果をもつ。「道路では歩道を歩きなさい。車道を歩いてはいけません」という言語ルールは、車が歩道を塞いでいるときにそこで立ちつくすという行動を引き起こすかもしれない。

このような言語ルールを多用した指導が、学校場面や家庭でSSTをとりまぜながら行われてきた。言語ルールによる指導は、効率よく新しい行動を形成できるという利点がある一方で、実際の環境に適応していく力（強化随伴性に対する感受性）を低下させ、うまくいかない行動を持続させることにつながる可能性がある。

もちろん、アスペルガー障がいの子どもたちが実際の環境のなかでは対人関係に関連する行動をうまく学習（体験によって学習）することができないからこそ、SSTという特別な状況下で言語ルールを用いたスキル学習を行っているのだが、言語ルールによる行動のコントロールが強くなりすぎると、ますます体験による学習が困難になり、見知らぬ人や見知らぬ状況下でのスキルの学習は困難なままとなる（般化は促進されない）。

ソーシャルスキルは言語行動と深く関係している。その場合、社会的なルールとして提示される言語行動や自身が行っている言語行動とどのような関係を作っていくのかが大きな課題である。アスペルガー障がいの子ども向けにアレンジされたCBTが効果を上げているのは、自身の言語行動との付き合い方を指導しているためとも考えられる。

ACTと家族支援

近年、言語行動の行動分析にもとづいたCBTとしてアクセプタン

ス＆コミットメント・セラピー（Acceptance & Commitment Therapy：ACT）が注目されている。日本でもいくつかの書籍が出版されているが（Bach & Moran, 2008；武藤 2006；Luoma et al., 2007）、ACT をアスペルガー障がいのある人に適用した報告は限られている。

　ACT は行動分析学からの言語行動の分析（関係フレーム理論）にもとづいた CBT である。CBT では、私的出来事である認知の変容に焦点を当てているが、関係フレーム理論は、言語行動が次のような特性をもつ行動であることを実証的に示してきた。

（1）言語行動は恣意的に関係づけられた行動である。
（2）言語行動は派生的に拡大・発展していく行動である。
（3）言語行動は文脈の制御を受ける行動である。
（4）言語行動は非言語行動を機能的に転移させる行動である。

　ACT は保護者への支援にも有益な方法となることが期待されている。発達障がいのある子どもをもつ保護者はさまざまな精神的困難を抱えている。それは障がいのない子どもをもつ保護者よりも顕著で、とりわけ自閉症児をもつ保護者は他の障がいをもつ子どもの保護者よりも多くの精神的困難を抱えている（蓬郷ほか 1987；蓬郷・中塚 1989）。

　子どもや家族の将来に関する不安、罪悪感、自分が何とかしなければならないという責任感、周囲の保護者からの疎外感が、保護者にたびたび観察される。これらの感情や考えは個体外部からは観察のできない出来事であるので、行動分析学では私的出来事（private events）と呼んでいる。「自分が何とかしなければいけない」という考えは、言語ルールとして保護者の行動を統制するようになるかもしれない。子どもや家族の将来に関する不安は、刺激間の関係ネットワー

クを作り（刺激等価性のように）派生的に拡大していくだろう。たとえば、「将来も話せないかもしれない」「話せないと自立ができない」「自立ができないと家族が面倒を見ないといけない」「親は先に死んでしまう」「きょうだいが面倒を見ないといけなくなる」「きょうだいの結婚に差し支える」……。このように刺激間の関係は無限に拡大していく可能性がある。われわれが言語をもつということは、このように刺激間のネットワークを拡大していく能力をもつということを意味している。

　刺激間のネットワークは、刺激等価性のような刺激間のイコールの関係だけでなく、「〜より大きい」や「〜の反対」のような関係にも拡大することができ、その特徴は関係フレーム理論としてまとめられている（Hayes et al., 2001）。「私ががんばればこの子の障がいは改善する」という考えは、同時に「がんばらなければ変わらない」「子どもが良くならないのは、私のがんばりが足りないからだ」という考えを派生的に生み出すかもしれない。また、こういった考え方をしないように（抑制しようと）努力してもうまくいかないかもしれない。なぜなら、考えるという行動はたいていの場合うまくいき、われわれはそれを使って生活をしているので、特定の私的出来事だけを抑制することは困難だからである。

　関係フレーム理論は、言語行動が恣意的に適用可能で、派生的で、学習性の行動であり、文脈の統制下に置かれる行動であることを示している（Hayes, 1994）。関係フレーム理論が示唆するように、発達障がいのある子どもをもつ保護者の苦悩は、どのような考えでも作り出すことができ（恣意的に適用可能）、無限に拡大し（派生的）、これまでの言語学習から作られ、そして特定の文脈のなかで行動に影響を及ぼすようなものであるかもしれない。もし、そうであるなら、われわれ臨床家による保護者支援は保護者へのスキル指導にとどまることな

く、子どもに障がいがあるという出来事に直面し、それに対して出現する言語反応としての不安や悩みとうまく付き合っていくような行動の支援を進めていかなければならないだろう。

そのひとつの方法がACTである。ACTについての全体像を紹介することは本書の範囲を超えるので、ここではACTを用いた保護者支援の研究を紹介しておこう。

Blackledge & Hayes（2006）は、自閉症の子どもをもつ保護者20人にACTのワークショップを実施している。このワークショップは2日間にわたり14時間実施され、うつ症状を調べるBDI-II（Beck Depression Inventory II）、心理的苦悩を調査するGSI（Global Severity Inventory）と一般的な精神病理的問題を調査するGHQ-12（General Health Questionnaire-12）を用いて、その効果を検討している。その結果、ワークショップ開催前の2回の測定（3週間前と1週間前）では、どの尺度にも変化は見られなかったが、ワークショップ後の測定では、BDI-IIとGSIには有意な変化が見られた（GHQ-12には有意な変化が見られなかった）。ワークショップ終了3ヶ月後のフォローアップ測定では、3つの尺度すべてに有意な変化が見られた。これらの結果から、ACTのワークショップが保護者の精神的な問題の軽減に有効な支援となることが考えられた。

河合・谷（2011）は発達障がいと診断された3〜9歳の子ども（平均年齢5.8歳）をもつ保護者27名（女性25名、男性2名、平均年齢38.9歳）を対象としてACTのワークショップを実施した。参加者は子どもの年齢が均等になるように3つのグループに分けられた。参加者は、ワークショップ参加の3週間前（pre1）と1週間前（pre2）、ワークショップ終了の1週間後（post1）と3ヶ月後（post2）に6種類の尺度に回答した。尺度は、BDI-II、GHQ-28、抑うつや不安を引き起こす自動思考を測定するDACS（Depression and Anxiety Cognition Scale）、

重度
(4%)

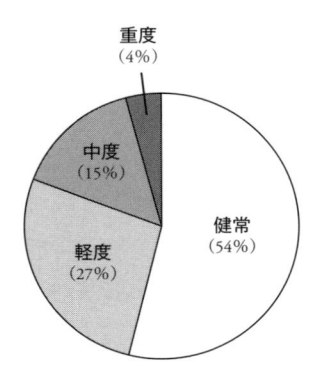

中度
(15%)

軽度
(27%)

健常
(54%)

図2.2　発達障がい児をもつ保護者のBDI-IIの重症度比率

不合理な信念の中核的な要素（スキーマ）を測定するJIBT-R（Japanese Irrational Belief Test-Revised）、ローカス・オブ・コントロール（統制の所在）を測定するLOC（Locus of Control）、ACTの中心概念である体験の回避を測定するAAQ-II（Acceptance and Action Questionnaire-II（木下ほか2008））の6種類である。各グループは2日間（1日5時間、1日目と2日目の間は1週間空けられた）、10時間のワークショップを受けた。

　ワークショップを受ける前の参加者のBDI-IIの結果を見ると、参加者の半数近く（46%）がうつ症状を示し（図2.2）、19%が中度以上のうつ症状を示していた。またGHQ-28では記入漏れのなかった26名のうち18名（77%）が何らかの問題をもっていると判定される結果であった。ワークショップ終了後1週間の測定では、GHQ-28で何らかの問題をもっていると判定された18名中9名は問題がないと判定され、BDI-IIではうつ状態を示していた12名のうち6名が健常の得点範囲に変化していた。

　BDI-II、GHQ-28の変化はワークショップ実施前の2回の測定間

（pre1-pre2）で推計学的に有意ではなかったが、実施前後の測定（pre1-post1 および pre1-post2）では有意に低下した。一方、JIBT-R の 5 つの因子と LOC にはいずれの期間においても有意な変化は見られなかった。AAQ-II は、pre2 と post1 の間で有意な変化が見られたが、その他の期間においては有意な変化に至らなかった。DACS は実施の不備があったため分析から除外された。

　これらの結果は、Blackledge & Hayes（2006）が示した結果と同じように、ACT のワークショップが発達障がいのある子どもをもつ保護者の精神的な健康に貢献できることを示している。ACT は関係フレーム理論にもとづく心理療法であり、不安、不合理な信念やスキーマなどの私的出来事は恣意的で、派生的な特性をもつものであり、変容したり抑制したりすることがうまくいかないと分析している。そして、それらの私的出来事を変容したり抑制したりする行為が、かえって不安や不合理な信念の拡大を招き、行動レパートリーを制限するようになると考えている。ACT では、それらの私的出来事を変容したり抑制したりする行為をやめ、私的出来事をそのままもちながら自身の価値にもとづく行動を促進することを試みている。

　したがって、不合理な信念を生み出すスキーマを測定する JIBT-R や、自身の考えによる行動統制の強さを測定する LOC などの測度は、ワークショップを受けることによって変化しないことが想定されるが、実際にこれらの測度はワークショップ前後でまったく変化しなかった。

　しかしながら、AAQ-II の変化がわずかであるため、ワークショップの成果が ACT のモデルとしているプロセスをたどっているかは疑問が残る。

　ACT のワークショップの結果から予想されるように、保護者への支援は、これまで行われていたスキル指導だけでなく、保護者の不安、

罪悪感や責任感などの私的出来事への対処を含めた支援となっていくことが望まれる。

†**註**
本章の一部は、谷 晋二（1985）「自閉症児の治療教育——行動療法の視点から」『常磐会短期大学紀要』14（pp.31-38）にもとづいている。

コラム8 レスポンデント行動の消去

恐怖・不安はレスポンデント行動として考えられます。恐怖や不安を低減させるための手続きがいくつかありますが、高度な専門的知識と専門的技法を必要とします。詳しい手続きについてはここでは深く触れませんが、主として3つのものが用いられます。

エクスポージャー（フラッディング）——最大の恐怖・不安を感じる場面に直面させて恐怖や不安を低減させる方法。
（例）シャワーを怖がる子どもに頭から1分間シャワーを掛けつづける。

系統的脱感作——恐怖・不安を感じる場面をいくつかの段階に分けた不安階層表を作成し、不安階層の低いところから乗り越えることで不安を低減させること。
（例）シャワーを怖がる子どもについて不安階層表を作り、シャワーを掛ける部位を指先だけ ➡ 腕まで ➡ 肩まで ➡ 胸下だけ ➡ 頭から全身のように徐々に広げていく。

拮抗条件づけ——恐怖や不安場面に直面しても大丈夫だったという経験をさせ、回数を重ねることで不安をなくしていくこと（安心させる物や人と一緒に）。
（例）シャワーを怖がる子どもに「浴びてみよう」と誘い、怖くなったら出ようねと約束して、シャワーに入ったり出たりすることを繰り返すことで不安を低減させ、不安や恐怖を取り除く方法。　　　　　[yayoi]

コラム9 オペラント行動の ABC 分析

オペラント行動は ABC 分析や三項随伴性といわれる法則に則って考えます。A は先行刺激・弁別刺激（Antecedent）、B は行動・反応（Behavior）、C は結果（Consequence）を指します。先行刺激と弁別刺激のどちらも行動の前に提示される刺激です。弁別刺激や先行刺激は行動の直前に存在し、行動が生起する手がかりとなるもので、その刺激を受けることによって行動が生起する刺激のことです。結果とは、行動の直後に呈示されるもので、行動を増やしたり、減らしたりするものです。

たとえば、「自動販売機にお金を入れてジュースを買う」という行動を三項随伴性で書いてみましょう。

先行刺激：自動販売機がある
行動：お金を入れて、ボタンを押す
結果：ジュースが出てくる

行動の直後に呈示される結果刺激には、強化子（好子）と呼ばれるものと嫌悪刺激（嫌子）と呼ばれるものがあります。強化子とは、行動の直後に提示することで行動の生起頻度を上昇させる刺激です。嫌悪刺激（嫌子）は、行動の直後に提示されると行動の生起頻度を減少させる刺激です。

[yayoi]

コラム9 問題 [yayoi]

次の文章から三項随伴性を書きましょう。

> 犬にほえられて、けんちゃんは泣きだしました。すると、犬はどこかに行ってしまいました。それから、けんちゃんは犬を見ると泣くようになりました。

コラム10 結果操作の4つの原理

結果を操作することで行動を増やしたり減らしたりする手続きは4つあります。この4つを「行動の原理」といいます。

正の強化──行動の直後に強化子が呈示され、行動の生起頻度が上昇すること
負の強化──行動の直後に嫌悪刺激が除去され、行動の生起頻度が上昇すること
消去──行動直後に何の結果も呈示されず（先行刺激も変化せず）行動の生起頻度が減少すること
罰──行動の直後に嫌悪刺激が提示され、行動の生起頻度が減少すること

[yayoi]

コラム 10 問題 [yayoi]

次の行動の「行動の原理」を考えましょう。

1. アルバイトに行ったのに、給料がもらえなかった。その後、アルバイトに行かなくなった。
2. お年寄りに席を譲ってあげたら、お花をもらった。その後、席を譲ることが多くなった。
3. 部屋の空気が汚いので、窓を開けた。その後、窓を開ける回数が増えた。
4. 電話に出たら、いたずら電話だった。その後、電話に出る回数が減った。

第3章
言葉の指導　機能的な言語行動の形成へ向けて

行動分析と言語行動

　行動分析学（Behavior Analysis）は、応用行動分析（Applied Behavior Analysis：ABA）の基礎理論である。ABAは発達障がいのある子どもたちの指導に最も効果的な指導法のひとつとして、言語指導においても大きな成果を挙げてきた。しかし行動分析学が言語行動の獲得の必要十分条件を解明できたわけではない。ヒトが言語行動をその進化のプロセスのなかでどのように獲得してきたかについては、未だに多くの謎が残っている。

　行動分析学の特徴は、行動を機能という観点からとらえていることにある。つまり、行動と環境の相互作用という視点から分析することに研究の焦点が当てられている。このことは言語行動を考えていく際に重要な視点となる。

　たとえば、ある人が「暑いね」という言葉を言う場面を考えてみよう。この言葉が環境に与える影響（つまり機能）は、どのようなものだろうか。聞き手が「そうですね、暑いですね」と答える場合もあるだろうし、クーラーのスイッチを入れるという行動をする場合もあるだろう。この2つの場合、「暑いね」という同じ形態をもつ言葉が聞き手に異なる影響を及ぼしていると考えることができる。

　行動の形態が異なっていても同一の機能をもつ場合もある。「クーラーつけて」という言葉と「暑いね」という言葉は時には同一の機能をもつことがあるだろう。電源の入っていないクーラーをじっと見るという行動も、聞き手にクーラーのスイッチを入れさせるかもしれない。その場合、同一の機能をもつこれらの行動（「クーラーつけて」、「暑いね」、クーラーを見る）は、機能的に同一の行動である。

話し手の「暑いね」という言葉は、聞き手の応答とセットにして分析することで初めてその機能が明らかになる。まだ言葉を話しはじめる前の段階の赤ん坊たちも視線やちょっとした動作を使って、言葉を話すことと同じ機能を獲得し（前言語的行為：Bates et al., 1975 ; Bruner, 1975）、その後音声言語に移行していく。したがって言語行動の指導は、言語行動の形態や言葉の辞書的な意味をどう教えるかではなく、言語行動の機能をどう教えるかにある。

　機能という観点から考えると、「アー」という発声を聞いた母親があるときは微笑を返し、あるときは一緒に外出をし、またあるときはトイレに連れて行くというような結果をもたらす場合、この「アー」という発声はさまざまな機能をもっていることになる。しかし、この発声がより一般的に通用する言葉となっていくには、より多くの人が理解できる（共有された）形態となることが必要である。

　言語行動は、事物を別のもので指し示すことで成り立っている。日本人は●を「りんご」と呼ぶことを共有している。しかし、英語を話すコミュニティのなかでは●は apple で、ドイツ語を話す人たちのなかでは apfél である。日本人は昔から●を「りんご」と呼ぶことに決めてきた（共有してきた）のである。別にそれは「ごんり」でもよかったのかもしれない。では、今日から私は●を「ごんり」と呼ぶことに決め、それを使用したとしたらうまくいくだろうか。「ごんり」という言葉には周囲の聞き手が反応しないため、決してうまくいかないだろう。

　このことには2つの重要な点が含まれている。1つは、事物とそれを指し示す言葉との関係は任意に決められたもの（恣意的に決定された）であるという点で、もう1つは、恣意的でありながらも、あるコミュニティのなかでうまく機能するかどうかによって淘汰されていくという点である。

事物とそれを表す（指し示す）言葉との関係は任意に決められ（日本人は日本語というルールとしてそれを決めてきた）、その関係性が特定のコミュニティのなかで強化され、維持されている。現に、若い世代にはその世代特有の、また特定のコミュニティ（専門家集団、警察やマスコミ）には特有の、出来事とそれを指し示す言葉が生み出されている。たとえばあなたが「オールする」という言葉を知っているなら、あなたの属しているコミュニティはかなり若い世代のコミュニティということになるだろう。

　ある事物や出来事とそれを指し示す言葉とは任意の関係性で結ばれているので、言語行動の実験的研究では、ある刺激と別の刺激の任意の関係づけを形成する手続きが用いられてきた。この手続きはマッチング（Matching to Sample：MTS）と呼ばれている。一般的には、ひとつの刺激が提示されて（見本刺激）、それに対応する刺激をいくつかの刺激（比較刺激）のなかから選択する手続きである。たとえば、§を提示し、リンゴとミカンとバナナのなかから、リンゴを選択させる。この場合見本刺激§と比較刺激（リンゴ）との関係は、実験者が恣意的に決めている。
　言語行動の学習にはこのような恣意的関係の学習が基礎にあり、しかも学習した恣意的な関係を用いて聞き手の行動に影響を与え、話し手の言語行動が聞き手によって強化される。したがって行動分析学では、言語行動を「同じ言語共同体の成員によって強化される行動」と定義している（Skinner, 1957）。
　行動分析学からの言語行動の分析は、言語行動が次のような特徴をもつ行動であることを示している。

（1）同じ言語コミュニティに属する人の行動によって、強化・維持

される。
(2) 事物や出来事とそれを指し示す刺激とが任意の関係によって関係づけられている。

このような言語行動の獲得を援助する方法がどのように工夫されてきたのかについては、その歴史的変遷を第 1 章でみてきた。

発達障がい児の言語指導

発達障がい児の言語指導の研究は 2 つの点に焦点を移してきた。1 つは機能的な言語行動をどのように指導していくかという点で、もう 1 つは言語行動の獲得過程についての理論的な分析を臨床技法にどのように展開するかという点である。

Horne & Lowe (1996) は、行動分析学の立場から名称関係 (naming) の成立過程について検討している。名称関係とは、単に事物の名前が言えるようになることを指すのではなく、「話し手行動 (speaker behavior) と聞き手行動 (listener behavior) の相互的な関係」を指している (Horne & Lowe, 1996, p.207)。「りんごはどれ？」という質問に対して、指さしや手渡し、食べるまねをするなどの聞き手行動が学習されると、りんごの実物や絵を見るだけで「りんご」と発語することができるようになることがある。逆に「りんご」と発語することを学習した場合は、聞き手行動が、直接の訓練を受けていないにもかかわらず出現することがある。このような相互的な (reciprocal) 関係の成立している行動が名称関係である。

名称関係の獲得は、聞き手行動から始まる。最初、保護者は「ワンワンは？」と言いながら、犬を見て、指さしをする。子どもは保護者の言葉を聞き、保護者の視線の先にある犬を見て（共同注視）、指さ

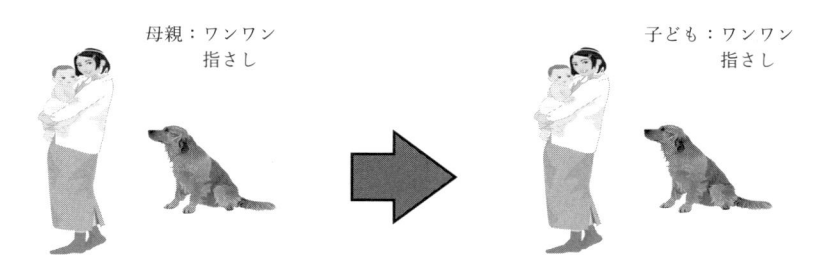

母親：ワンワン　指さし　　　　　　　　　　子ども：ワンワン　指さし

図 3.1　図はプレゼン V-style（2002）デザインエクスチェンジ株式会社より

しを模倣する。子どものこの行動は保護者の「えらいね」という言葉かけや拍手などの社会的な強化刺激によって強化される（図 3.1）。

　名称関係の成立には、聞き手行動の獲得と並行して、音声模倣行動（エコーイック）の獲得が重要となる。子どもは犬が提示されている条件下で、保護者の「ワンワン」という言葉をエコーイックしながら指さしをすることを反復する。これによって犬は子どもの音声反応「ワンワン」を自発させる弁別刺激として機能するようになり、話し手としての行動（タクト）が出現する。

　やがて「ワンワン」という発語は、事物が提示されているときに同時に存在するさまざまな刺激に対しても生じるようになる。たとえば、大人が犬を指さしながら「ワンワン」と言うとき、犬の鳴き声や匂い、触ったときの感触なども同時に存在するので、それらの刺激に対しても「ワンワン」という言語反応が生じる。

　ここまで紹介してきた Horne & Lowe（1996）が示した名称関係の獲得プロセスを、言葉の理解や話し言葉の獲得がまだ進んでいない自閉症児に当てはめて考えてみよう。自閉症児の場合、大人との「共同注視」や事物を適切に取り扱う「事物の習慣的操作」「音声模倣」な

どが獲得されていないことが多い。さらに、刺激制御の移行の問題も自閉症児によく観察される困難のひとつである。刺激制御の移行とは、これまで事物を見る（あるいは提示される）ことで出現していた習慣的な行動（たとえば、靴を履く行動）が、別の刺激（たとえば、保護者の言葉）を手がかりとして出現するようになること（たとえば「くつ」と言われて足を上げるなど）、エコーイックとして形成されていた言語反応が事物を手がかりとして出現するようになること（靴を見て「くつ」と言う）などである。これらのスキルが名称関係獲得の先駆行動を構成していると考えられる。

犬を見たときには視覚的な刺激だけではなく、鳴き声や臭いなどの同時に存在する複数の刺激が手がかりとなるが、自閉症児は同時に提示されている複数の手がかりに反応することが困難であることが多い（刺激の過剰選択性の問題（Lovaas et al., 1971））。これらの問題が、名称関係の獲得に必要な先駆行動の形成を困難にしている。

早期言語指導プログラム

谷（2001）は、Horne & Lowe（1996）の研究を踏まえ、無発語で動作模倣やマッチングが未学習で、なおかつ言葉の理解も限られているような2〜3歳代の低年齢発達障がい児を対象にした言語指導プログラムを提案している。この研究にもとづいて、名称関係の下位行動の形成技法を紹介していこう。

言語指導の戦略

　言葉の話せない子どもといっても、その状態像はさまざまである。同じ自閉症と診断されている子どもであっても、エコーイックはできるがマッチングができない子ども、動作模倣はできるが聞き手行動ができていない子どもなど、いろいろな子どもの状態像がある。また、どのスキルもまだ学習できていない子どもであっても、マッチングの指導は容易で動作模倣が指導困難な場合や、逆に動作模倣は指導が容易でマッチングの指導が困難な場合もある。ABAでは、自閉症や発達障がいといった診断名（分類）によって指導の手順や方法が特定されるのではなく、一人一人の行動レパートリーの分析にもとづいて、どのスキルをどの順序で、どのような方法で指導していくかという戦略を決定していく。

　表3.1はタクト、マンド、イントラバーバル、聞き手行動などの言語学習に必要だと考えられる先駆行動をチェックリストとして作成したものである。

　言語行動の指導において最も基礎的な行動は、人への接近行動である。言語行動は、人と人との関係を調整する機能をもっている。人が提示するさまざまな刺激を手がかりとして自発し、人が媒介となって強化刺激が提示され、言語行動は増大していく。それゆえ、人に接近したり、要求したり、伝達したりする行動が前言語的な形（たとえば、視線や表情など）であっても獲得されていることが重要である。さらに、社会的な強化刺激が十分な強化効果をもっていれば多くの行動の形成が容易になる。

　しかし、人を回避したり逃避したりする行動（対人回避行動）が多くの自閉症児で観察されており（佐久間1978）、褒め言葉や頭をなでたりすること、笑顔などの社会的強化刺激の強化効果も非常に弱いこ

1	人への接近行動、社会的強化刺激
1.1	褒められると喜び、その行動を繰り返す
1.2	人を避けることがほとんどない
2	動作模倣
2.1	ばんざい、手を頭に置くなどの単純な動作模倣ができる
2.2	ハサミや歯ブラシなどの道具を適切に使うことができる
2.3	道具を使った動作模倣ができる
3	刺激−刺激関係
3.1	同一性見本合わせ（刺激−刺激選択）ができる
3.2	言葉で事物の選択ができる（10種類以上）
3.3	ジュースを見せたら、コップを選択することができる
3.4	動物、乗り物、食べ物、飲むものなどの分類ができる
3.5	色次元での分類ができる
3.6	形の分類ができる（丸、三角、四角など）
3.7	大・小、長・短の分類ができる
3.8	文字や数字の同一見本合わせができる
3.9	人物、場所の分類ができる
3.10	「「あ」はどれ」という質問に文字を選択できる
3.11	「〇〇はどれ」という言葉での質問に家族やよく知っている人の写真を選択できる
4	概念
4.1	「どうぶつ」「のりもの」などの言葉で対応する事物を選択できる
4.2	「食べるものは」「手をゴシゴシするのは」などの質問に、適切な事物を選択できる
4.3	「おおきい」「ちいさい」という言葉で正しいほうを選択できる
4.4	「あか」「あお」などの言葉で正しい色の事物を選択できる
5	刺激−反応関係
5.1	事物を見て、対応する動作をすることができる（コップを見せると飲む真似をするなど）
5.2	言葉で適切な動作をすることができる（「あたま」と言われて頭を触る、「歯ブラシ」という言葉で歯を磨く動作をする）
6	音声模倣行動（エコーイック）
6.1	単音や反復音（ポッポ、ブーブーなど）の音声模倣ができる
6.2	たいていの単語の音声模倣ができる（発音は不明瞭でもよい）
6.3	2つ以上の単語の音声模倣ができる
6.4	単文の音声模倣ができる

表 3.1　下位行動のチェックリスト（谷 2001）

6.5	離れた場所にいる人に伝言ができる（「ごはんできたと言ってきて」という指示で第三者にそれを伝えることができる）
7	報告言語行動（タクト）
7.1	事物の名称をタクトできる
7.2	事物を見て離れた場所にいる人に「○○があった」と報告することができる
7.3	「あかいりんご」「おおきなくるま」など形容詞＋名詞の形でタクトすることができる
7.4	「冷蔵庫に何が入っている」という質問に、冷蔵庫の中を見て正しく言葉で返答することができる
7.5	写真や絵を見て「どこで」「だれが」「なにを」しているかが応えられる
7.6	どこで、誰が、何をしているという説明を言葉で聞いて、「どこで」「だれが」「なにを」しているかが答えられる
8	要求言語行動（マンド）
8.1	欲しいものを声に出したり、動作で要求できる
8.2	欲しいものを見るとその名前を言うことで要求できる
8.3	欲しいものが目の前にないときに、その名前を言うことで要求できる
8.4	ジュースを飲もうとしたときにコップがなければ、「コップ」と要求できる
8.5	二語文で欲しいものを要求できる
8.6	困った場面で、名前を呼んで人を呼んでくることができる
9	言語間制御（イントラバーバル）
9.1	「ヨーイ」（イチニ、ノ）という言葉を聞いて「ドン」（サン）と答えられる
9.2	「りんごは赤い」という短文を聞いて、「りんごは？」という問いかけに「赤い」と答えられる

表 3.1　つづき

とが多い。そのため、最初に対人回避行動を軽減し、微笑みや誉め言葉、身体接触が強化刺激として十分な強化効果をもつようにするための働きかけが必要である。これらの問題やその対処技法については「フリーオペラント法」の研究［▶第1章参照］のなかで触れられている。

　子どもの様子を注意深く観察すると、人が前方から近づいたり、手を差し出したり、体に触れようとすることに対して、避けようとしたり、時には自傷行動が始まることがわかる。大人のどのような接近の

仕方に対して回避行動が出現するかを観察し、最も回避行動の少ない接近の仕方を繰り返すことで、子どもの回避行動を少なくしていくことができる。佐久間（1978）は、足で子どもに触れたり、嫌がらない程度の身体接触から始めたり、くすぐりっこや抱っこ、おんぶなどの人が媒介となる遊びが強化子として機能するように訓練を進めている。「フリーオペラント法」で用いられる戦略は、人への接近行動を増大させ、微笑や褒め言葉、身体接触などの社会的強化刺激の効力を高めて、機能的な文脈のなかで、言語行動の獲得に必要な先駆行動の形成を目指す戦略である。

　一方で、エコーイックや動作模倣、マッチングなどの先駆行動をすでに効力のある強化刺激（食べ物や飲み物など）を使って形成していくことで、人への接近行動や社会的強化刺激の効力を高めることも可能である（Lovaas を中心とした伝統的な指導法の戦略）。つまり、動作模倣とやりとり行動ができるようになることで、人への接近行動が増大することも考えられる。

　人に対する接近行動を優先する指導戦略（フリーオペラント法やPRT の指導戦略）と、すでに効力のある強化子を使って人とのやりとりを形成する指導戦略（伝統的な指導戦略）のどちらを選択するかは、指導を実施する指導者に委ねられている。Sherer & Shreibman（2005）は、玩具を適切に扱うことができ、人への回避傾向が少なく、自己刺激行動の少ない子どもは PRT がうまくいくことを示している。しかしながら、指導戦略の選択に関して、明確な定義や基準は明らかになっておらず、ケースバイケースで選択されているのが現状である。

動作模倣の形成からの戦略

　動作模倣やマッチングといったスキルが獲得されていると先駆行動

の形成は容易になるので、これらのスキルの形成が最初に行われることが多い。

　動作模倣には、モデルの動作を弁別することと、モデルと同じ反応をするという2つのプロセスが含まれている。多くの場合、動作模倣訓練は、モデルとなる動作を提示する人と子どもの反応をガイダンスする人の2人の訓練者で行われ、モデルの動作の弁別と反応の形成が同時に行われる。

　動作摸倣の形成が困難な場合、この2つのステップを分けて練習することもできる。すでに子どものレパートリーとなっている行動（すなわち反応が自発できる動作）、たとえば足を上げるとかオツムテンテン（両手で自分の頭を軽く叩く動作）などの動作をモデルとして提示して、モデルを見ながらそれと同じ動作をすることだけを練習する。このステップでは、モデルに注目し、モデルを弁別することだけが行われる。複数のモデルに対して動作模倣が可能となったら、新しい（子どものレパートリーにない）動作を指導し、これを繰り返していく。

　オツムテンテンとお腹ポンポンは反応という次元で考えるとよく似た反応（どちらも両手で叩く動作）であるので、弁別が困難になることもある。そのため初期の訓練としては、反応が明確に区別される動作（たとえばオツムテンテンと足を上げる動作）を目標として選択したほうが容易である。

単純な動作模倣が困難な場合

　しかし自閉症児支援に実際に携わってみると、足を上げる、オツムテンテンなどの単純な動作の模倣が困難な場合にもたびたび遭遇する。そういった場合、すでに習慣化した動作（多くの場合、日常生活で頻繁に使用する物を使う動作）を使って、動作模倣を指導することもできる。たとえば、コップを手渡すと「飲む」行動をすることができ、

歯ブラシを手渡すと「歯を磨く」行動ができている場合を考えてみる。

訓練者と子どもの前にコップと歯ブラシを 2 組置いて、訓練者がコップを持って飲む動作を示し、子どもにコップを持たせて、同じ動作をさせる。歯ブラシも同じように練習をする。

このように動作模倣の導入としては、事物を使った動作模倣のほうが単純な動作模倣よりも指導しやすい場合がある。

動作模倣から命名へ

大人が靴を子どもに見せたときに、子どもが足を上げたり足を指さしたりする行動が反復されると、大人の言葉が習慣的な行動の弁別刺激となって、子どもの行動を制御するようになる。たとえば、ガラガラを見て、それを振るという習慣的行動を獲得していた子どもが、大人の「ガラガラは？」という言葉を聞いてガラガラを振るようになる。

そこで、言語理解を促進させる指導を、事物を適切に操作することの指導から始めることができる。最初に、日常生活でよく使われる事物に対する適切な習慣行動を動作模倣や身体的ガイダンスなどを用いて、音声刺激（たとえば「ゴクゴク」など）も同時に提示しながら形成する。

指導にあたっては次のような手順が考えられる。

- **事物の適切な操作の形成**（図 3.2）
（1）訓練者と子どもの前に 1 個ずつコップを置いておく。
（2）訓練者はコップを持って「ゴクゴク」と言いながら、飲む動作をする
（3）子どもが模倣して飲む動作をしたら、褒める。
（4）うまくできない場合には、手を添えてガイド（身体的ガイダン

図3.2 事物の適切な操作の形成

　　ス）し、その後褒める。
(5) 同じように、その他の事物でも習慣行動を形成する（歯ブラシ、靴、石けんなど）。

● **事物の動作理解**（図3.3）
（1）訓練者は子どもの前にコップや歯ブラシ、石けんなどの事物を置いておく。
（2）訓練者は事物を持たず動作と音声刺激を示す（たとえば「コップ」と言う）。
（3）子どもが正しく事物を選択し、習慣行動をすることができたら、褒める。
（4）うまくできない場合には、訓練者は事物を持って動作を提示したり、ガイドしたりして正しい行動を援助し、その後、褒めて強化する。

● **聞き手行動の形成**（音声言語刺激への移行）（図3.4）
（1）訓練者は子どもの前にコップや歯ブラシ、石けんなどの事物を置いておく。
（2）訓練者は音声言語刺激（たとえば「コップ」と言う）だけ示す。
（3）子どもが正しく事物を選択し、習慣行動をすることができたら、褒める。
（4）うまくできない場合には、訓練者は事物を持たずに動作だけを示したり、事物を持って動作を提示したり、ガイドして正しい行動を援助し、その後、褒めて強化する。

事物の動作表現

　　エコーイックの獲得は多くの発達障がい児にとって獲得の困難な反応のひとつであり、サインやジェスチャーなどの動作反応のほうが容易に獲得できることが多い。そこで、訓練者の言語刺激に対して事物の習慣的行動が出現するようになると、動作による事物の命名へステップを進めることができる。事物の音声反応による命名の獲得は、

図3.3　事物の動作理解

音声模倣行動（エコーイック）の獲得を待たねばならない。
　サインやジェスチャーによる命名を教えると、その後の音声での命名が遅れると懸念する人も多いが、その考えを支持する実証的なデータはない。反対に、サインやジェスチャーの習得は、話し言葉の発達に否定的な影響を与えないと報告されている（Miller et al., 2006）。

図 3.4　聞き手行動の形成（音声言語刺激への移行）

　事物の動作表現は、たとえば次のような手順で形成することができる（図 3.5）。

- 事物の動作表現の形成
（1）訓練者は習慣行動の形成課題で使用した事物のうち 1 つを提示

図 3.5　事物の動作表現の形成

　　し、習慣行動で形成した動作をするように求める。
（2）正しく動作ができた場合は強化する。
（3）正しく動作ができなかった場合や無反応の場合には、訓練者は事物を使ってモデルを提示して模倣させ、強化する。

機能的な動作理解、動作表現の使用

動作模倣課題から動作や音声言語刺激を弁別刺激とした言葉の理解や動作による命名ができるようになれば、速やかに機会利用型指導（Hart & Risley, 1975）を用いて日常の生活場面へ応用していくことが、機能的なコミュニケーション行動の般化と維持にとって重要である。

動作や音声刺激を弁別刺激とした言葉の理解や動作による命名行動は、日常生活のなかでの機能的なコミュニケーション行動として次のような課題として応用できる。

(1) 動作や音声刺激による御用学習（たとえば「〜とってきて」）
(2) 動作反応による伝言、報告（たとえば「〜あったよ」や「お父さんにごはんと言ってきて」という指示に従える）
(3) 動作反応による要求（たとえば、ハサミを要求するときに、ハサミの動作をする）

要求言語行動は行動分析学ではマンドと呼ばれる言語行動である。マンドの形成にあたっては、要求行動が出現しやすい場面を設定することが必要である。子どもに動作を用いてハサミを要求させるには、子どもがハサミを必要とする場面を設定しなければならない。

そのため、マンドの形成訓練の前に、ハサミを使って袋を開けてお菓子を食べることなどを繰り返しておき、その後ハサミが見当たらない場面を作る。あるいは、靴の動作表現として足を上げるという動作を学習した場合には、外出をする場面で子どもの靴を手の届かない場所に置いておくようにすると、機会利用型訓練の実施が容易になる。このような場面設定は、確立操作（Establishing Operation : EO）と呼ばれている。

マッチングの形成からの戦略

マッチングの形成

　マッチング課題とは、見本刺激（訓練者が提示する刺激）と比較刺激（子どもが選択する刺激）を対応させる課題である。たとえば、りんごの写真（見本刺激）が提示されたときに、それを見て、りんごや車やコップなどの写真（比較刺激）のなかから、りんごの写真を指さしたり、手渡したりすることが求められる。

　見本刺激と比較刺激が同一である場合は同一性マッチングと呼ばれる。同一性マッチングは、実物対実物、絵対絵、写真対写真などいろいろな刺激を使って行われる。

　次の段階では、実物対絵や絵対写真などの象徴的マッチングへ進めていく。ここでは、実物のりんごを見ていくつかの絵のなかからりんごの絵を選択することや、絵を見て実物を選択することなどが訓練される。

　ただし、同一性マッチングが可能であっても、実物対絵（あるいは絵対実物）の象徴的マッチングが困難な場合もある。その場合には、絵カードを実物にテープで貼り付けるなど、刺激提示に工夫をするとマッチングが可能になることがある。

聞き手行動の形成

　さらに、同一性マッチングを用いて言葉の理解の訓練へ進めていくこともできる。

（1）訓練者はりんごの絵カードを子どもに見せながら「りんご」という音声刺激を提示する。
（2）子どもにりんごの絵カードを選択させる。

(3) このステップが確実にできるようになった後で、訓練者は「りんご」という音声刺激だけを提示し、子どもに絵カードを選択させ、正しく選択できれば強化し、間違っていたり無反応であったりするときにはりんごの絵カードを見せて、りんごを選択させる。

このような、視覚刺激（りんごの絵カード）を遅延プロンプト［▶コラム13参照］として用いた手続きで、視覚刺激から音声刺激へ刺激性制御を移行させていくことができる。

単音・単語の音声模倣行動（エコーイック）の形成

エコーイックの形成では、いくつかの方法が実践されてきた。1つは、Lovaas（1987）が行ったように、すべての自発的な発声を強化し増大させ、比較的自発率の高い発声、あるいは訓練者がプロンプト［▶コラム21参照］しやすい音をモデル提示し、モデルと類似した発声を分化強化していくという手続きである。もう1つは、動作模倣からエコーイックの形成へつなげていく方法で、粗大な動作模倣から口唇の動きの動作摸倣へとシェイピングし、息を吐くことを模倣するなどしながら自発発声を増大させる。次の段階では、訓練者の提示する音と類似した音声だけを分化強化していく（Baer et al., 1967；梅津 1974；小林・杉山 1984）。

一方、佐久間（1978, 1988）は、子どもの発声に対して大人や訓練者が同じような発声を反復する（逆模倣）手続きを用いている。そして、逆模倣を行うと、子どもの自発的な発声が増大し大人や訓練者の発声を模倣するようになることを報告している。また、佐久間（1986）は、子どもの発声反応をくすぐりや抱っこ、タカイタカイなどの身体

接触による強化刺激で強化することで自発発声を増加させ、逆模倣と組み合わせることでエコーイックを形成することに成功している。

また、谷ほか（1994）は、発声に必要な運動反応を系統的に指導する方法で、年長自閉症児・者のエコーイックが速やかに形成されたことを報告している。この研究では、音を出すための構音器官の動きに関する知識、すなわち、舌の位置、動かし方、息の吐き方などを、行動分析の技法と組み合わせて、エコーイックの指導を試みている。研究参加者は15歳（A）と10歳の自閉症児（B）で、Aの発声レパートリーは［a］［ba］［bo］のみであった。Bの発声レパートリーは両唇音のみであった。

参加者Aの訓練は、発声レパートリーとなっていた母音と［b］を含む音素から始められた。［b］から［d］音へ、［p］から［t］へというように、舌の位置、声帯の振動の有無などの発声反応に必要な構音器官の動きが単純になるように進められた。プロンプトは構音器官の動きを明確にするようなプロンプトが用いられている。たとえば、［d］の音の形成のために、上唇と下唇がくっつかないように、下唇の下部を軽く押さえて発声させるプロンプトが用いられている。また、［m］の音の形成のために、両唇を閉じさせ、鼻腔音［n］をシェイピングし、その後［n］の直後に［a］を発声させている。訓練者はモデルとして［nma］あるいは［n, a］を提示し、［ma］に近い音をシェイピングしている。図3.6は参加者Aのエコーイック可能な音声レパートリーの累積頻度を示している。これを見ると、エコーイック可能な音声レパートリーはゆっくりと上昇していったことがわかる。その後の訓練で、参加者Aは絵カードを音声で命名することが可能となっている。

参加者Bの訓練では両唇音、歯音・歯茎音、軟口蓋・硬口蓋音の3つの反応間マルチベースライン・デザイン［▶コラム14参照］が用いられた。［s］［ʃ］の音は、歯と歯の間に舌を挟ませて息を吐かせるこ

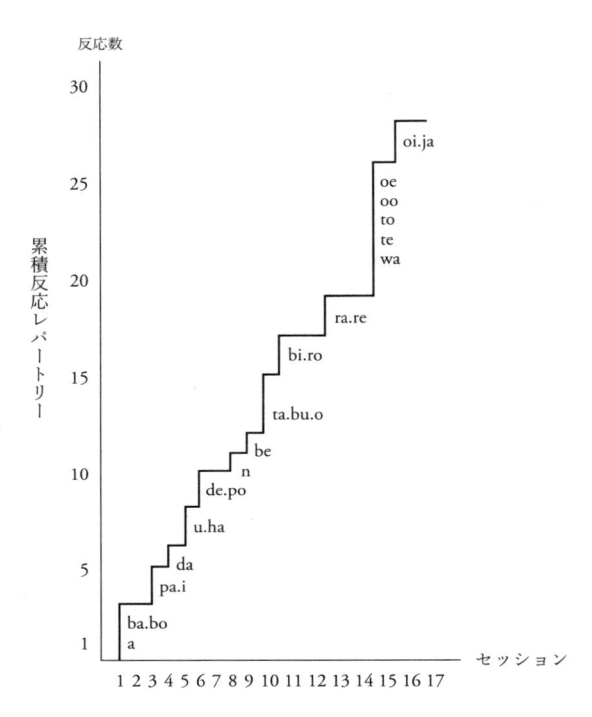

図 3.6　参加者 A の音声模倣レパートリーの累積（谷ほか 1994）

とによって出てくる音を分化強化していくことで、形成している。図3.7 は参加者 B のエコーイックの正反応率の変化である。訓練が導入されると、速やかな正反応率の増大が見られている。

　2 人の参加者ともに年齢が高く、発声のレパートリーが非常に限られていたが、速やかにエコーイックのレパートリーを増大させていった。日本語の子音は、声帯の状態、軟口蓋の位置、調音の仕方、調音の位置の 4 つの状態の組み合わせからつくられる（柴谷ほか1981）。谷ほか（1994）は、速やかなエコーイック・レパートリーの増大は、

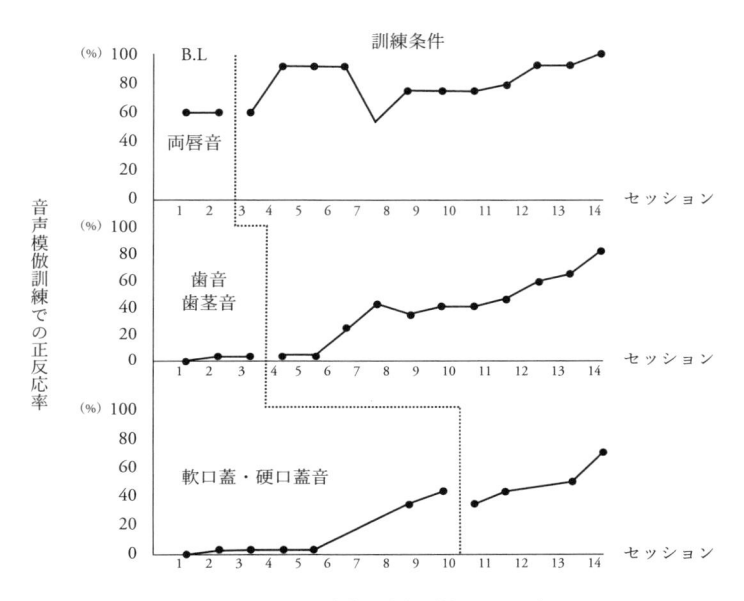

図 3.7　参加者 B のエコーイック正反応率の変化（谷ほか 1994）

日本語の音素を作りだすいくつかの運動反応の組み合わせ方が習得されたためではないかと述べている。

　従来のエコーイック形成訓練では、どの音素をどのような順番で訓練するかについては、訓練者のプロンプトしやすい音や視覚的に確認しやすい音という基準にもとづいていた。しかし、音を作りだすための運動反応（声帯、軟口蓋の位置、調音の仕方、調音の位置）を教えるという視点から考えると、従来の方法には系統性が欠けていると考えられる。

　たとえば、「バ」（[ba]）という音声反応は、口唇が呼気によって破裂し、声帯が震え、舌が中ほどに置かれるという運動反応の組み合わせで発声されている。もし、次に「タ」（[ta]）という音を教えよう

とすると、舌の位置は歯茎に変化し、しかも声帯は振動させないという複数の反応の変化を起こさなければならない。しかし、「バ」（[ba]）という音から「パ」（[pa]）の音への移行であれば、変化は声帯を振動させないだけにとどまる。あるいは「バ」（[ba]）から「ダ」（[da]）への移行であれば、舌の位置の変化だけで音が産出される。

「バ」と「パ」の分化反応を教えることは、声帯の振動の有無という基本的構音スキルを教えることとなり、「バ」と「ダ」の分化反応を教えることは、舌の位置の変化を教えることとなる。このように、指導する音を子どものもつ発声反応レパートリーの変化ができるだけ単純になるように構成された手続きが、速やかなエコーイック・レパートリーの獲得に貢献したのではないかと考えられる。

二語文、短文の音声模倣行動の形成

単音や単語の音声模倣行動（エコーイック）ができるようになったら、二語文、短文のエコーイックへ進めていく。二語文、短文のエコーイックはこれまで学習してきた命名を利用して指導することができる。モデルとなる二語文や短文（たとえば、「りんご食べる」）を提示して、正しくエコーイックされないときには、語頭音をプロンプトする（たとえば、「た…」）手続きが用いられる。

また、エコーイックする2つの単語を明確にする次のような手続きもある。

(1) 子どもに2枚のカード（「りんご」「みかん」）を提示して、連続して命名させる。
(2) 2枚のカードを裏返して提示し、訓練者は「りんご」「みかん」とモデルを提示する。
(3) 正しくエコーイックできなければ、カードを表に返して命名さ

せる。

　このようにして複数の単語を続けてエコーイックできるようになれば、「〜を…する」「赤い（大きい）〜」「〜が…にいる」のような形の命名へ進めていくことができる。もちろんこのような二語文の命名には、色や場所の概念の学習や動作を用いた命名の学習が並行して進められなければならない。

命名へ

　子どもにエコーイックが形成されていると、事物の動作表現や事物の動作理解、マッチング課題中に訓練者の提示している音声刺激に対して、エコーイックが自発してくるようになる。たとえば、訓練者の「りんごは？」という音声刺激に対して「りんご」とエコーイックしながら、りんごの絵や実物のりんごを選択するようになる。この反応が繰り返されると、訓練者の提示する「りんご」という音声刺激は、子どものエコーイックだけでなく、実物や絵のりんごを選択する反応（言葉の理解）を自発させる弁別刺激となり、また、訓練者の提示する実物のりんごや絵カードは、それと同一の比較刺激を選択する反応と「りんご」という音声反応を自発させる確率が高くなる。訓練者の提示する実物や絵のりんごに対して、子どもが「りんご」という音声反応を自発し、それを強化することで命名反応を形成していくことができる。

　これまで述べてきたように、言葉の理解訓練や動作による命名、およびマッチングの学習の際に、訓練者の音声刺激をエコーイックできるようになることが、命名の獲得にとって重要である。

　発達障がい児の言語指導で、このような命名反応の自発的な出現が必ずしも起こるわけではないので、その場合には命名反応の直接訓練を行うことになる。

命名行動から要求言語行動、報告言語行動へ

　　　動作による要求や動作による表現ができていれば、音声模倣の獲得によって音声での命名ができるようになり、事物の名前を使ったマンド（要求言語行動）やタクト（報告言語行動）が出現することがある。これは、動作反応を使って行われていた要求や表現が、音声反応が形成されることで、音声反応へと置き換わってくるためであると考えられる。しかし、すべてのケースでこのような動作反応から音声反応への移行が起こるわけではないので、命名反応を機能的な文脈のなかで使用する指導が必要となる。

　　　マンドやタクトの目標行動は表 3.1 のチェックリストにリストアップしてある。目の前にない事物を要求したり、袋を開けるときにハサミを要求したりするマンドや、報告、返答、事物の様子を知らせるタクトがある。さらに命名は、聞き手の存在や文脈（聞き手がどのようなことに関心をもっているか、事物を見ているかなど）による適切な刺激性制御が働くように指導していくことが必要である（伏見 1997）。

イントラバーバル

　　　二語文や短文の音声模倣行動（エコーイック）はさらに、イントラバーバルへと発展させることができる。イントラバーバルとは、言語刺激を弁別刺激とした言語反応である。エコーイックの場合、弁別刺激となる言語刺激と言語反応が同一であるのに対して、イントラバーバルの場合は、言語刺激と言語反応が異なる。たとえば、「むかしむかし」という言語刺激に対して「あるところに」と答えるような言語反応がイントラバーバルである（反対に、「むかしむかし」と答えることはエコーイックである）。

　　　イントラバーバルは、「今日何をしたの？」や「首の長い動物は？」という質問に答えることや「サンク？」と言われて「27」と答えるこ

と、空欄補充問題に解答することもイントラバーバルである。また、本読みの際に先生が読んだ続きを読むことや、合唱のときに続きを歌うこともイントラバーバルである。イントラバーバルは、日常生活の質問応答だけでなく、さまざまな学習に広く関連する言語行動であるが、十分な研究が行われていない言語行動のひとつでもある。

早期言語指導の成果

　谷（2001）は、早期言語指導プログラムを用いて、話し言葉や言葉の理解が見られず、音声や動作模倣のできていない2歳から4歳の子どもたちを対象として、家庭指導を中心とした指導を行い、その成果を報告している。この指導パッケージは、対象児への直接指導、保護者への指導戦略の説明、行動分析の理論と技法の解説、指導のデモンストレーション、電子メールでの相談とインターネット掲示板での保護者同士の情報交換から構成されていた。まず表3.1のチェックリストを用いて、子どもの現在の下位スキルをチェックし、チェックリストのなかから当面の課題を選定し、どの課題をどの順番で指導していくかを保護者に解説した。対象児への直接指導と保護者指導は、家庭の状況に応じて月1回から6回程度実施された。

　約2年間の指導後、対象となった19名中11名（57.6%）の子どもが色次元での事物の分類、簡単な質問（「手をごしごしするのは？」など）に、絵カードを選択することや、それらの質問に言葉で返答することができ、二語文での要求ができるようになった。表3.2は、19名の子どもたちのKIDS乳幼児発達検査での総合発達指数の変化を示している。10以上の発達指数の変化が見られた子どもは8名（42.1%）

	総合発達指数の変化		
	〜0	0〜9	10〜
人数比率	7	4	8
	36.8%	21.1%	42.1%

表 3.2　総合発達指数の変化（谷 2001）

	言語領域での発達指数の変化		
	0〜9	10〜19	20〜
表出言語	7名（36.8%）	7名（36.8%）	5名（26.3%）
理解言語	2名（10.5%）	7名（36.8%）	10名（52.6%）

表 3.3　言語領域での発達指数の変化（谷 2001）

　で、発達指数の減少が見られたものは7名（36.8%）であった。また、5名（26.3%）は総合発達指数が75を超えた。言語領域での発達指数の変化を見ると10〜19の発達指数の変化が見られたものは、表出言語領域で7名（36.8%）、理解言語領域で7名（36.8%）であった。20以上の大きな変化を示した子どもは、表出言語で5名（26.3%）、理解言語で10名（52.6%）であった（表3.3）。これらのことから、総合発達指数の変化については、発達指数で10以上の顕著な変化を示す子どもとそうでない子どもがいたことがわかる。一方で、言語領域の変化は約70%（表出言語）から90%（理解言語）の子どもで顕著な変化が見られた。

　この結果から、このプログラムは言語領域の行動の促進について有効な場合が多いが、全体的な発達の改善には言語領域の指導だけでなく、より広範な領域の行動への指導が必要であることが考えられた。

さらなる発展のための工夫について

　教えられた場面や人を超えて、獲得した行動が波及し、さらには教えられなくても新しい行動を学習することができるようになっていくこと、そのような般化的な行動の学習を目指すことが、言語指導だけでなく社会的なスキルの学習でも求められている。学習した行動は、刺激の類似性に基づいて他の場面や人に対して出現するようになる（つまり般化する）。初期のABAの目指した点は、この般化という現象をいかに促進するかという点であった。SSTにおいても、言語指導と同じように、般化の困難性が指摘されている。訓練場面で社会的な行動をすることができるようになっても、学校や職場といった日常の場面では、それらの行動が出現しなかったり、維持されなかったりする。この問題を解消するために、般化を促進するための日常の生活場面を用いた訓練や友人を用いた訓練（peer training）が導入されてきた。

　刺激の類似性が低くなればなるほど、般化は起こりにくくなる。学習した行動が他の状況で出現するようになるのは、般化によるものだけではない。関係フレーム理論は、恣意的な関係づけが、反応の機能的な転移を起こすことを示している。たとえば、「おはよう」という言葉が「ハロー」という言葉と関係づけられることによって、「おはよう」という場面で「ハロー」が出現するようになるだろう。

　今後の発達障がいのある子どもの指導では、刺激の関係づけにもとづいた指導が研究されていくだろう。その指導は、言語指導だけでなく社会的なスキルの指導においても、適用されてくるに違いない。

コラム11 消去にともなう行動の変化

ボタンを押してもジュースが出ないとき（消去）、自動販売機のボタンを何度も押すでしょう。消去が行われると、一時的に行動の増大が起こります。これを消去バーストと言います。それだけでなく、自動販売機を叩いたり、蹴ったりする行動も出てくるかもしれません。これまではボタンを押すという特定の行動しか出現しなかったのに、行動のレパートリーが拡大し、時には攻撃的な行動が出現することがあります。この現象は消去誘発性の攻撃行動と呼ばれます。 [yayoi]

コラム 11 問題 [yayoi]

ボタンを押してもジュースが出ないと、ボタンを押すことは少なくなるでしょう。行動の変化はそれだけでしょうか？ そのほかにどんな行動の変化が見られると思いますか？ [yayoi]

コラム12 先行刺激の操作

先行刺激・弁別刺激（A）を燥作することで、行動は出現したりしなくなったりします。たとえば、時計の針が正午を指すという先行刺激は、ランチへ行こうという行動を起きやすくしますし、喫煙禁止のマークはタバコを吸う行動を減少させる先行刺激です。先行刺激と結果操作を組み合わせることで、人間の行動はある程度、コントロールすることができます。そのため、臨床家としての倫理規定を遵守する義務が生じます。行動を変えることによって誰のメリットになるか？　ということをつねに考えることはとても大事なことです。

[yayoi]

コラム13 遅延プロンプト

遅延プロンプトは、タイムプロンプトと呼ばれることもあります。プロンプトとして用いる刺激の提示を少し遅らせることで、自発的な反応を誘い出す手続きです。どのようなプロンプトであっても、プロンプトは依存性があります。つまり、プロンプトに頼ってしまって、自発的な反応が出現しにくくなるという傾向があります。そのため、遅延プロンプトを使って、自発的な反応の出現を促していきます。

コラム14 1事例の実験デザイン

1事例の実験デザインは、1事例もしくは少数事例を用いて独立変数と従属変数の関数関係（因果関係）を明らかにするための実験デザインです。独立変数の操作を行わないベースラインフェイズ（A）と独立変数の操作を行うインターベンションフェイズ（B）を反復するABデザイン、ABAデザイン、ABABデザインなどがあります。また、ABデザインを複数の行動、人、場面で反復するマルチベースライン・デザイン、2つのインターベンションの比較を行う操作交代デザインがあります。詳しくは『はじめての応用行動分析』(Alberto & Troutman, 1994)第6章を参照してください）。

第 4 章
イントラバーバル研究

イントラバーバル研究とは何か？

　ABAにもとづく指導は話し言葉の習得に困難を示す発達障がい児の指導に多大な成果を挙げてきたが、多くの研究はマンドおよびタクトに関する研究であり、イントラバーバルに関する研究は少ない。日本では数少ない臨床例のひとつとして Tani et al.（2009）が1名の自閉症児にイントラバーバルを指導した報告を公表している。

　イントラバーバルは、九九の計算や空欄補充問題などの学業スキル、質問応答などに深く関連する言語行動であり、さらに、"赤の時は、止まる"などのように、強化随伴性を明示したルールとして、ルール支配行動の形成にも関与している。イントラバーバルは今後の研究が待たれる最も大きな反応のひとつと考えられている（Sautter & Leblane, 2006）。

　またイントラバーバルは、タクトやエコーイックとは異なる随伴性をもつオペラント行動であることが、実験的に示されている（Partington & Bailey, 1993）。とくに Miguel et al.（2005）は、Partington & Bailey（1993）の報告を再確認するために、6人の定型発達の子どもを対象に、MTT（Multiple-Tact Training）と RDT（Receptive-Discrimination Training）とイントラバーバル訓練（IntraVerbal Training）の3つの訓練の効果を比較している。MTTでは、絵カードに対する複合的なタクト（たとえば、レンチの絵カードに対して、「これはレンチで道具です」）が訓練された。RDTではカテゴリーの名称を指示されて（たとえば「道具はどれ？」）、対応する事物の絵カードを指さしすることが訓練され、イントラバーバル訓練では、「カテゴリーの名前を言いなさい」という質問に対して事物の名称を言う反応が訓練

された。彼らの研究では、3つのカテゴリーのメンバーを答えるイントラバーバル反応（意味的な関連性をもつイントラバーバル）が検討された。MTTのイントラバーバル反応を増加させる効果は弱く、絵やそのカテゴリーをタクトできることや絵の名称やカテゴリー名で絵を選択できること（RDT）は、意味的に関連するイントラバーバル反応の産出を保証するものではなかった。これに対して、イントラバーバル訓練を用いて刺激制御の転移を試みることが最もイントラバーバル反応の産出に重要であったことを報告している。

　発達障がいのある者への言語指導では、Lovaas（2003）やMaurice（1996）、Sundberg & Partington（1998）などの包括的なプログラムが知られている。これらのプログラムのなかでもイントラバーバルの指導は行われてきた。

　ロバース・プログラムでは、色や形を問う質問に答えるプログラムや"what do you have?"や"What is he doing?"などの質問に答えるプログラムが準備され、訓練者が質問し適切な答えをエコーイックによるプロンプトで形成し、このエコーイック・プロンプトをフェイドアウトしていく手続き［▶コラム22参照］が繰り返されている。

　モーリス・プログラムは基本的にはロバース・プログラムを踏襲したものであるが、ロバース・プログラムよりも多くのイントラバーバル課題を示している。たとえば、"what do you sweep with?"などの事物の機能を問う質問に答える課題（function of object）や、"what's your name?"などの社会的質問（social questions）"what does a dog say?"などの一般的知識に関する質問（general knowledge questions）など、多くのイントラバーバル課題が設定されている（Taylor & McDonough, 1996）。モーリス・プログラムでは、これらのイントラバーバル課題の実施に際して、それぞれの事前習得課題が明記され、指導にあたっては、エコーイックによるプロンプトだけでなく、視覚的なプロンプ

ト（絵や文字）も用いられている［▶コラム 21 参照］。

　最も多くのイントラバーバル課題を設定しているのは Sundberg & Partington（1998）である。彼らは 30 のイントラバーバル課題を設定している。彼らは、イントラバーバルはできるだけ早期に指導するべき言語行動であると述べ（p.200）、2 つの章を設けてイントラバーバルについての行動分析学の立場からの説明と指導手続きを解説している。Sundberg & Partington（1998）は、イントラバーバルを指導する際の最も好ましい方法は子どもを取り囲む自然な環境下で教えることであると主張し、ディスクリートな場面で指導をする際には、RFFC（Receptive by Function, Feature & Class）trial を使って理解言語との橋渡しを行っている。RFFC は絵カードを単語の機能や特性、クラス名などで選択させる課題である。たとえば、コップの絵カードを「コップはどれ？」という音声刺激で選択させるだけでなく、「お茶を飲むときに使うのは？」「ガラスでできているものは？」「食器は？」などのようにさまざまな言葉で選択させる。訓練者のこれらの音声刺激に対して、「コップ」と答えさせながら絵カードを選択させることで、イントラバーバル反応への刺激制御の移行を行っている。

　実験的な研究では、Finke & Williams（2001）が、6 歳の自閉症児のイントラバーバル反応の形成に文字プロンプトとエコーイック・プロンプトのどちらが有効かを明らかにするために、2 つのプロンプトを比較している。彼らは、3 セット 6 種類のプライベートな出来事に関するイントラバーバル反応をそれぞれのプロンプトを使って指導し、マルチベースライン・デザインを用いて比較している。その結果、いずれのプロンプトともに有効であったが、彼らの対象児の場合には文字プロンプトがより有効であったと報告している。

イントラバーバルの指導

　　イントラバーバル反応は、話し手の言語刺激に対して音声による応答だけでなくサインやジェスチャー、文字刺激や絵カードの選択など、さまざまな反応形態による応答が含まれる。しかしながら、多くの子どもで絵カードの選択による応答ができるにもかかわらず音声言語による応答が困難な場合がある。ここでは、音声提示された質問に対して、すでに獲得していた絵カードの選択によるイントラバーバル反応を、視覚的プロンプトとエコーイック・プロンプトを用いて、音声言語反応によるイントラバーバル反応へと移行させる手続きとその結果について報告する。

参加者

　　参加者は、自閉症と診断された 2 名である。参加者ハル（以下ハル）は本研究開始時点の年齢は 3 歳 2 ヶ月の男子で、新版 K 式発達診断検査の発達指数は、認知・適応領域 74、言語・社会領域 67、全領域 71 であった。The Childhood Autism Rating Scale（CARS）[▶コラム 3 参照] での評定は 29.5 であった。参加者ナツ（以下ナツ）は本研究開始時点での年齢は 3 歳 9 ヶ月の女子で、新版 K 式発達診断検査の発達指数は認知・適応領域で 69、言語・社会領域で 52、全領域で 62 であった。CARS での評定は 31 であった。

トレーナー（訓練者）

　本研究は、家庭療育の一環として実施したため、家庭での主な訓練者となっている母親がプログラムの実施者となった。2名の参加者の母親はいずれもABAを用いた発達障がい児の指導について学習する各種のセミナーに参加した経験があり、入門書を読んでいた。また、両者ともにABA基礎テスト（TK-ABA：谷・大尾2011）の得点は基礎的なABAの知識をもっていることを示す36点以上であった。母親には、プログラムの実施マニュアルと記録シートが渡され、プログラムの指導手続きがデモンストレーションされた。その後、2名の参加者の母親は各自の家庭療育のペースに合わせてプログラムを実施した。

準備教材

　裏が無地の36枚の絵カードを用いた。絵カードには1つの事物が背景なしで描かれている。

事前手続き

　事前手続きは、参加者が本訓練課題の実施にあらかじめ必要だと考えられるスキルをもっているかどうかを確認し、課題とする質問・応答反応を抽出するために行われた。2つのスキルがあらかじめ必要だと考えられたが、その1つは、参加者のイントラバーバル反応の形成の際に、プロンプトとして用いられる絵カードの命名スキルである。もう1つは、弁別刺激として提示される質問に対して対応する絵カードを選択するスキルである。

　実施前にあらかじめ32名の絵カードとそれに対応する質問を作成

した。事物の用途に関する質問（「歯を磨くときに使うものは？」）や、何らかの特徴をもつ事物（「からい食べ物は？」）を答える質問とし、原因や結果を尋ねる質問は除いた。

32枚の絵カードを子どもに連続的に示し、絵カードの名称を命名させた。各参加者の状態に応じて、同一日、もしくは別日時にこの手続きを反復し、32枚の絵カードそれぞれ2試行ずつ実施した。正しい反応については、各参加者に応じて褒め言葉、拍手によって強化を行った。間違った反応に対して訂正は行わず、次の試行に移行した。

次に、絵カードを各参加者の前に3枚ずつ提示し、絵カードに対応する質問を行い（たとえば、「雨の日に使うものは？」）、対応する絵カードを選択させた。32枚の絵カードに対して各2試行ずつ実施した。正しい反応については、褒め言葉、拍手によって強化を行ったが、誤反応・無反応は訂正を行わず次の試行に移行した。

最後に、絵カードを提示しないで、すべての絵カードに対応する質問を行い、応答を求めた。正しい反応、間違った反応のいずれであっても、即座に次の質問に移行し、訂正や修正は行わなかった。5秒以上無反応の場合も次の質問に移った。全体を通して32問の質問を各3試行ずつ連続して実施した。

訓練カードの選出

訓練で用いる絵カードは、(1) 絵カードの命名が2試行ともに正反応であること、(2) 質問に対して絵カードの選択が2試行とも正反応であること、(3) 質問に対する応答が3試行中2試行以上で誤反応もしくは無反応であること、という3つの基準にもとづいて選ばれ、続いて各参加者の質問・応答課題が決められた。この基準に合わせて、参加者ハルでは12の質問・応答課題が選ばれ、ナツでは18の質問・

絵カード	質問	応答（IV）
スプーン	アイスを食べるときに使うものは	スプーン
靴	足に履くものは	くつ
猫	ニャーオと鳴くのは	ネコ
飛行機	空を飛ぶ乗り物は	ひこうき
象	鼻の長い動物は	ゾウ
電話	モシモシとお話しするのは	でんわ
救急車	ピーポーピーポー？	キュウキュウシャ
牛乳	ゴクゴク飲むのは	ギュウニュウ
ポスト	お手紙を入れるのは	ポスト
キリン	首の長い動物は	キリン
布団	寝るのは	ふとん
鍵	おうちに入るときに使うのは	かぎ

表 4.1　イントラバーバル課題（ハル）

応答課題が選ばれた（表 4.1、4.2）。

ベースライン

　　各参加者の質問・応答課題の事前手続き中の質問・応答のデータがベースラインデータとして用いられた。

イントラバーバル訓練手続き

　　イントラバーバル訓練（Intraverbal Training：IV training（以下 IV 訓練））で用いられる質問・応答課題は、ハルでは 3 課題ずつ 4 グループに、ナツでは 6 課題ずつ 3 グループに分けられ、課題間マルチベースライン・デザインにもとづいて実施された。

　　IV 訓練は 4 つのステップで実施された。1 セッションは各課題を 2 試行ずつ実施し、各ステップは、同一セッション内のすべての試行で正反応が得られた場合に次のステップへ移行した。すべてのセッショ

絵カード	質問	応答（IV）
傘	雨が降ったときに使うのは	かさ
猫	ニャーオと鳴くのは	ネコ
パトカー	ウーウー	パトカー
セミ	ミーンミーンと鳴く虫は	セミ
ピアノ	ドレミと弾くのは	ピアノ
布団	寝るのは	ふとん
犬	ワンワンと鳴くのは	いぬ
時計	時間を見るときに使うのは	とけい
救急車	ピーポーピーポー？	キュウキュウシャ
鉛筆	字を書くときに使うのは	えんぴつ
ポスト	お手紙を入れるのは	ポスト
キリン	首の長い動物は	キリン
牛	モーと鳴くのは	うし
歯ブラシ	歯を磨くときに使うのは	はぶらし
馬	ヒヒーンと鳴くのは	うま
スプーン	アイスを食べるときに使うものは	スプーン
象	鼻の長い動物は	ゾウ
太鼓	トントン叩くのは	たいこ

表 4.2　イントラバーバル課題（ナツ）

ンで、正反応に対しては毎回褒め言葉、拍手などの強化を行うように訓練者に指示され、1セッション終了時点で少量のおやつや好きな活動（お絵かきやパズルなど）が提供された。4つのステップはそれぞれ次のように施行された。

- ステップ1

    グループ1の3枚のカードを参加者の前に置き、口頭で質問し（例えば「歯を磨くときに使うものは？」）、絵カードを選択させる。このとき、必ず参加者に口頭で答えを言わせながら絵カードを

選択させる。絵カードの並び順は一定にし、無反応あるいは誤反応のときは正しい応答を示しエコーイックさせる（エコーイック・プロンプト）。

- ステップ2

  3枚の絵カードをすべて裏返してステップ1と同様に実施する（カードの並び順もステップ1と同じ）。無反応あるいは誤反応のときは、絵カードを表に返してプロンプトする（視覚的プロンプト）。視覚的プロンプトによっても正しい応答が得られないときにはエコーイック・プロンプトを用いる。

- ステップ3

  絵カードを参加者の前に置かないで、訓練者がステップ2と同じ順序で3枚のカードを手で持ち、絵カードを裏返したままの状態で見せながら（絵は見えない）質問をする。無反応あるいは誤反応のときは、瞬間的にカードを表にして絵を見せてプロンプトする。この視覚的プロンプトによっても正しい応答が得られないときにはエコーイック・プロンプトを用いた。

- ステップ4

  絵カードを訓練者は持たないで、参加者に質問をする（ベースライン条件と同様）。無反応あるいは誤反応のときはステップ3の手続きでプロンプトする。ステップ4は正反応率が2セッション連続で100%を達成した時点で終了した。

- プローブ

  各ステップがステップ4の基準を達成した時点で、他のグルー

プについてもステップ4（ベースライン条件）を実施した（ただし、ハルではこのステップが実施上の誤りから実施されなかった）。

般化プローブ

　　すべての訓練課題が終了した時点で、本訓練の実施者以外の者が各参加者にIV訓練で訓練された質問・応答課題を任意に6問選び、参加者に口頭で尋ねた。ハルでは「足に履くものは？」「空を飛ぶ乗り物は？」「アイスを食べるときに使うものは？」「ニャーオと鳴くのは？」「おうちに入るときに使うのは？」「鼻の長い動物は？」の6問を実施した。ナツでは、「雨が降ったときに使うのは？」「アイスを食べるときに使うものは？」「ニャーオと鳴くのは？」「お手紙を入れるのは？」「首の長い動物は？」「歯を磨くときに使うのは？」の6問を実施した。

　　また、訓練を実施していない質問に対して応答ができるようになっているかを調べるために、訓練課題以外の質問をハルに対しては6問（「酸っぱい食べ物は？」「甘い食べ物は？」「今何時かを見るのは？」「頭を洗うときに使うのは？」「写真を撮るときに使うのは？」「幼稚園の先生のお名前は？」）、ナツには3問実施した（「甘い食べ物は？」「ナツちゃんのお兄ちゃんの名前は？」「メロメロパンチするのは誰？」）。これらの訓練課題以外の質問に対しては、絵カードの命名および質問に対する絵カードの選択をそれぞれ2試行ずつ実施し、すべての絵カードについてすべて正しく命名、選択ができていた。また、両参加者に対して、IV訓練で訓練された質問・応答課題とは対称的なイントラバーバル（「……はどんなもの？」という質問に「……するもの」と答える）についてもテストを行った。この課題はIV訓練で用いられた課題を用い、6問実施した。ハルでは、「靴はどんなもの？」「電話はどんなもの？」「ポストはどんなもの？」「飛行機はどんなもの？」

「キリンはどんなもの？」「牛乳はどんなもの？」の6問を実施した。ナツでは「傘はどんなもの？」「犬はどんなもの？」「時計はどんなもの？」「ポストはどんなもの？」「スプーンはどんなもの？」「キリンはどんなもの？」の6問を実施した。

結果

　図4.1はハルのベースライン、IV訓練のステップ4の正反応率の変化を示している。ハルは、グループ1、2の正反応率がベースライン時点で0～67％の間であったが、IV訓練のステップ4では100％に上昇している。ステップ4に到達するまでに要したセッション数はグループ1で5セッション（ステップ1、2は1セッション、ステップ3は3セッション）、グループ2で9セッションであった（ステップ1は2セッション、ステップ2は4セッション、ステップ3は3セッション）。また、グループ3、4はベースライン時点での正反応率は0％であったが、ステップ4では100％となった。ステップ4に到達するまでに要したセッション数はグループ3で10セッション（ステップ1は2セッション、ステップ2は2セッション、ステップ3は6セッション）、グループ4で3セッションであった。本訓練手続きでは、ステップ4までの最低移行セッション数は3セッションとなるので、グループ4はすべてのステップを誤反応なしで移行していた。

　図4.2はナツのベースライン、およびIV訓練のステップ4の正反応率の変化を示している。ベースライン時点の正反応率はすべてのグループで0％であったが、IV訓練後すべてのグループで100％の正反応率となった。ステップ4に到達するまでに要したセッション数はグループ1で5セッション（ステップ1は1セッション、ステップ2は1セッション、ステップ3は3セッション）、グループ2で4セッショ

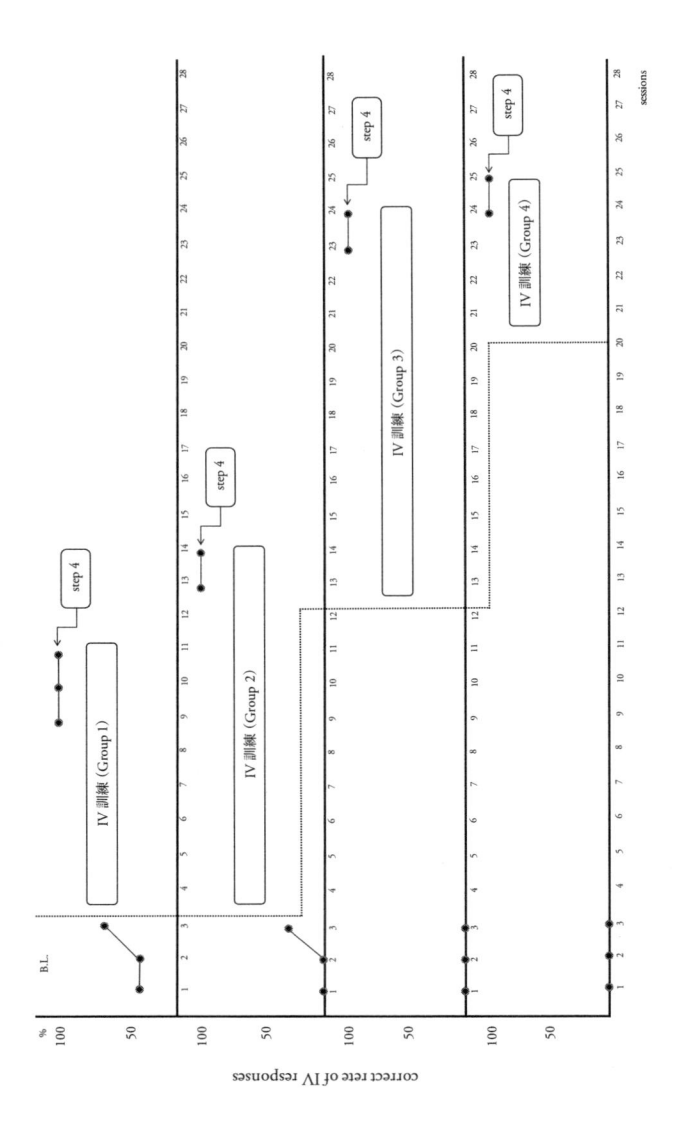

図 4.1 イントラバーバル反応の変化（ハル）

122 はじめはみんな話せない

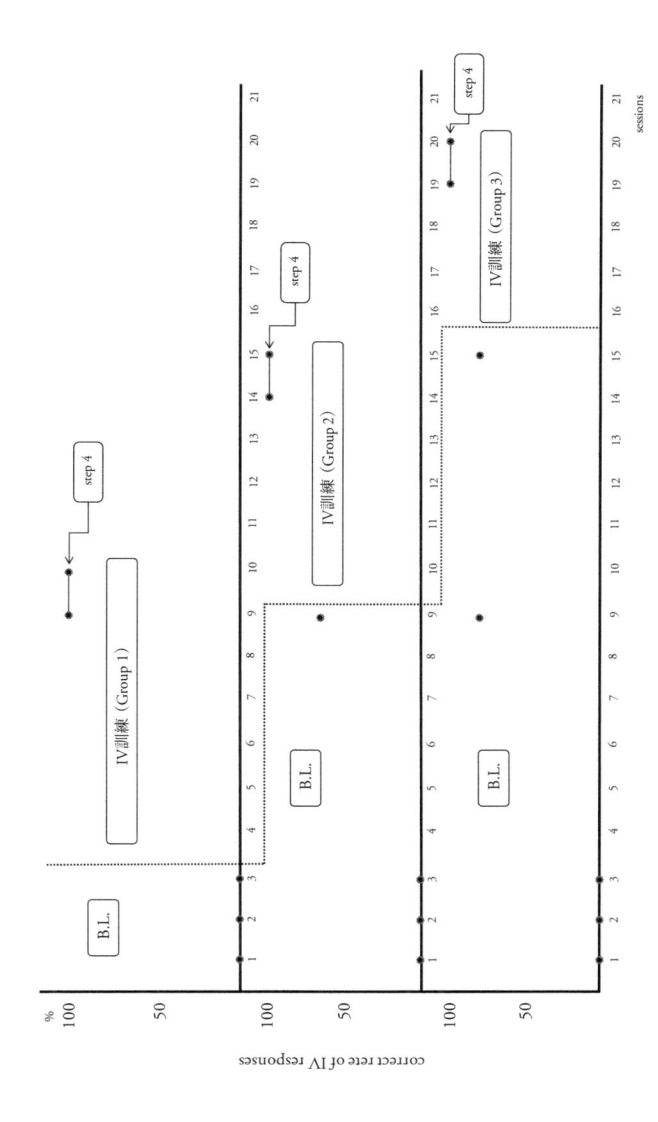

図 4.2 イントラバーバル反応の変化（ナツ）

第 4 章―イントラバーバル研究 | 123

ン（ステップ3は2セッションかかり、他のステップはすべて1セッション）、グループ3で3セッションであった。ナツはグループ2、3の課題をほとんど誤反応なしで移行した。

　プローブ課題については、訓練手続き実施の誤りから、ハルの訓練中の課題がステップ4の基準を達成した時点の、未訓練グループのプローブデータが欠落している。ナツでは、グループ1のIV訓練がステップ4に達した時点で、正反応率はグループ2で67％、グループ3で83％に上昇していた。グループ2のIV訓練がステップ4に達した時点で、グループ3の正反応率は83％のままであった。

　訓練者以外の人に対する般化プローブでは、ハルおよびナツは100％の正反応率を示し、訓練課題以外の質問・応答問題に対してハルは38％（6問中2問）、ナツは67％（3問中2問）の正反応率を示した。また訓練課題で訓練したイントラバーバルとは対称的なイントラバーバルの正反応率は、ハルでは0％（6問中0問）で、ナツでは67％（6問中4問）であった。ナツの誤反応はすべて無反応であった。

考察

　この研究は、2名の自閉症児に対して実施されたIV訓練の成果を検討するために行われた。両参加者ともに、訓練開始以前に訓練課題である一般的な質問に対して対応する絵カードを選択すること、および絵カードの命名が可能であった。そしてIV訓練によって、訓練者の質問に口頭で答えることができるようになった。しかしながら、2つの点において訓練の有効性を実証することができていない。1つは、訓練手続きの実施上の誤りから、訓練課題以外の訓練課題のベースラインデータ、およびハルのグループ1、2の訓練課題が達成された際の他のグループのベースラインデータが欠如してしまったため、訓練

手続きの有効性を実証することが困難となった。これについては訓練マニュアルの見直しと訓練者への説明を再検討する必要があるだろう。もう1つの問題は、訓練が家庭療育の一環として実施されたため、データの信頼性を検討することができていない点である。

　本訓練では、言語刺激（「雨が降ったときに使うものは？」など）に対する音声言語反応を形成することを目標とした。各参加者は同様の言語刺激に対して、絵カードを選択することが訓練開始以前に可能であった。この選択反応はイントラバーバル反応のひとつと考えることができ、本訓練手続きは、選択反応としてすでに習得されていたイントラバーバル反応を、音声言語反応にトポグラフィカルに移行させる手続きであると考えられる。

　Michael（1985）は刺激等価性の形成において、選択反応を用いた手続きを selection-based procedure（選択型手続き）と呼び、トポグラフィカルに異なる反応を形成する手続きを topography-based procedure（反応型手続き）と呼んで区別している。

　この区別をもとにIV訓練の手続きを検討すると、言語刺激に対する選択反応として形成されていた selection-based のイントラバーバル反応をステップ1では、すでに獲得していた絵カードのタクトと同時に出現させることを形成し、ステップ2、3で絵カードをフェイドアウトすることで、topography-based のイントラバーバル反応へと形成していく手続きであると考えられる。

　Partington & Bailey（1993）や Miguel et al.（2005）が報告しているように、質問に対して受容的に絵カードを選択できること（すなわち、selection-based のイントラバーバル反応）や絵や事物のタクトができることは、topography-based のイントラバーバル反応の形成を保証するものではなく、IV訓練によって反応の形成を図る必要性があると考えられる。

質問・応答課題は、ハルでは4つのグループ、ナツでは3つのグループに分けて訓練された。最初のグループでtopography-basedのイントラバーバル反応が形成されたとき、他のグループでも、selection-basedのイントラバーバル反応からtopography-basedのイントラバーバル反応への移行が直接訓練なしで促進されているかどうかは、汎用的な反応移行スキルが獲得されていくかどうかを検討するにあたって興味深い点である。
　ハルのデータは、手続き実施上の誤りからグループ1、2の課題が達成されたときの他のグループのベースラインデータが欠損しているため、派生的な反応移行が生じたかどうかを検討することができていない。しかし、ハルの場合、グループ4のIV訓練が最低セッション数で終了していることから、グループ1、2、3の課題達成時点で派生的な反応移行が生じているのではないかと推測される。
　一方、ナツではグループ1の課題達成時点で、グループ2のベースラインデータが67%、グループ3で83%に上昇しており、ある程度の派生的な反応移行が生じているのかもしれない。また、グループ2の課題達成時点でのグループ3のベースラインデータは83%と、グループ1達成時点と同一であった。これらのことから、すでに獲得しているselection-basedのイントラバーバル反応と絵カードに対するタクトを、topography-basedのイントラバーバル反応へと派生的に移行させていくには、IV訓練が重要な役割を果たしているのかもしれない。
　また2名の参加者は、直接訓練を実施した訓練者以外の大人に対しても、訓練課題の質問に100%正しく応答できていた。このことは訓練者以外の大人に対する刺激般化が生じたものと考えられる。
　このような派生的な反応移行の問題を明らかにするためには、マルチベースライン・デザインの適用は適切ではないかもしれない。マルチベースライン・デザインでは、グループ間の独立性が訓練手続きの

有効性を示すロジックとなる。しかし、グループ間で派生的な反応移行が生じると仮定すると、ある程度の学習が達成された時点で訓練中の課題以外のグループのベースラインデータが変化すると予測されるため、訓練の有効性を示すことが困難になる。訓練手続きの有効性と派生的な反応移行を示すためには、他の研究デザインの適用を考える必要がある。

訓練課題以外の質問に対する応答は個人差が見られ（ハルで33%、ナツで67%）、訓練前のベースラインデータを測定していないために、訓練課題以外の質問に対する派生的な反応移行は不明確なままである。

本研究で課題となったイントラバーバル反応は、一般的な質問に対するイントラバーバル反応であるが、そのほかにも名前や住所などの個人的情報に対する質問に答えること、「〜したときはどうする？」などの原因・結果に関する質問に対する応答、過去の出来事に関する質問に対する応答も、イントラバーバル反応であると考えられる。本訓練手続きはこれらの異なる種類のイントラバーバル反応にも適用可能であると考えられるので、今後の実証的な研究が望まれる。また、本研究では十分に検討できなかったselection-basedのイントラバーバル反応からtopography-basedのイントラバーバル反応への派生的な反応移行について検討していくこと、さらに対称的なイントラバーバル反応が派生的に出現するのか、もし出現するのであれば、それにはどのような条件が必要かについても、今後検討していくことが必要である。

訓練課題となったイントラバーバル反応は、「雨が降ったときに使うのは？」という質問（Sd1）に事物の名称（「かさ」）を答える（R1）などであった［▶コラム16参照］。このイントラバーバル反応が形成されたとき、対称的なイントラバーバル反応がどのようになっているのかは注目すべき点である。つまり、Sd1-R1関係が成立したとき、「か

さはどんなもの？」という質問（Sd2）に「雨が降ったときに使うもの」と応答する（R2）関係、Sd2-R2関係への転移が見られるのだろうか。

さらに、Sd1-R1関係が反転してSd2-R2関係をつくるとき、刺激等価性研究（Sidman & Tailby, 1982）で明らかにされてきたような対称性関係（symmetry）の出現がありうるかもしれない（Hall & Chase, 1991）。Polson et al.（1997）は、大学生を対象に英語（フランス語）の単語を刺激としてフランス語（英語）の単語をタイピングするイントラバーバル反応を形成し、十分にこれらの刺激－反応関係が形成された後に、刺激－反応関係を反転させて、topography-based symmetryを調べている。その結果、いくつかの正反応が派生的に出現したが、対称性関係は十分ではなかった。

Hall & Chase（1991）は、刺激と反応生成との関係をtopography-basedの言語関係を含む刺激等価性の観点から分析している。たとえば、「イヌ」「ワンワン」「ドッグ」という音声刺激に対してのエコーイックは反射性関係と考えられ、「イヌ」という音声刺激に対する「ワンワン」というイントラバーバルは対称性関係、「イヌ」という音声刺激に対する「ドッグ」というイントラバーバルは推移性関係と考えられる。

本研究では、訓練課題に対する対称性関係について、ハルではまったく観察されなかったが、ナツでは67％の正反応率が得られ、参加者間での一貫性は見られなかった。両参加者ともに絵カードに対する命名反応は十分に確立していたが、訓練刺激である「～するものは？」という刺激をエコーイックできていたかどうかについては確認できていないため、このエコーイックのパフォーマンスがtopography-based symmetryに影響を及ぼしていることが考えられる。topography-basedの言語関係を含む刺激等価性については、今後の重要な研究課題となるだろう。

結論

　本章では、基礎的な言語行動である命名、選択、イントラバーバルの指導について、具体的な指導手続きを中心にまとめてある。さらに、指導の成果を実証的に報告し、今後の研究課題を提示した。
　早期の言語指導は、個々の子どもの指導戦略に則って展開される必要がある。マッチングが得意な子どもは、マッチングから言語行動の指導を行うことができる。一方、音声模倣が得意な子どもは、音声模倣、命名、イントラバーバルという指導の流れのほうが無理なく指導を進めていくことができるだろう。
　着席行動や注視行動は子どもたちの指導を進めていくうえで重要なスキルである。しかしながら、着席行動や注視行動を後回しにしても言語指導は可能であるし、いくつかの言語行動が獲得された後のほうが着席行動や注視行動の形成がスムーズにいく場合も多い。
　時には、音声模倣スキルや音声での命名をずっと後に回して、絵カードを使った要求や報告を優先して指導したり、文字の学習をしたりすることで、音声模倣スキルが特別な訓練なしで習得されることもある。
　訓練者に求められるのは、その子どもにとってどのルートがうまくいきそうなのか、つねに検討しながら指導を進めていく戦略家としての視点である。目標へのルートを直線でしか選べないのではなく、時には遠回りをするルートも選択することもできる柔軟な視点が必要とされる。
　本章ではイントラバーバルについて詳細に報告したが、冒頭にも述べたように、イントラバーバルについては日本ではほとんど研究報告がなされていない。イントラバーバルは、刺激等価性や関係フレーム

反応の成立とも関係する言語行動で、言語に関連する多くの認知的スキルの形成とも関連している。

　刺激等価性は刺激と刺激との関係のネットワーク（刺激－刺激間ネットワーク）の成立を示している。いくつかの刺激－刺激関係を学習することで、直接の学習経験のない新しい（派生的な）刺激－刺激関係が出現する。一方、イントラバーバルは、言語刺激と反応との関係を問題にしている。ある刺激－反応関係が学習されたとき、たとえば刺激Aに対して反応Xが出現し、それを反転させた関係（刺激Xに対して反応Aが出現する）が派生的に出現する可能性がある。刺激等価性で観察されたような派生的関係が、刺激－反応関係でも生じるとすれば、そのような関係フレームは言語学習を著しく効率よく進行させることになるだろう。

　刺激－反応関係に関する関係フレームの研究は大きく期待される研究領域である。

コラム15 般化

教えた場面ではない場面でも適切な行動ができること、教えた通りの指示とは違った指示でも適切な行動が引き出せること、強化子がなくなっても適切な行動をしつづけられることをまとめて「般化」といいます。こんな話をよく聞きます。「自宅ではいろんなことができるようになったのに、でも、保育園では全然できなくて……」「般化できないことに、弱さがあるということですよね？」

これは般化の正しい理解ではありません。自宅での弁別刺激と保育園での弁別刺激はずいぶん違います。保育園での弁別刺激を新しく学習する必要があります。もし、特に配慮することなく「般化」したら、それはとても幸運なことです。

[yayoi]

コラム16 指示を出す

ABAの技法を用いることで、子どもは効率的・効果的にいろいろな行動を学ぶことができます。ここでは（1）指示を出す、（2）強化する、（3）プロンプトを使用する、（4）スモールステップを組む、（5）間違ったときの対応を学ぶ、（6）トレーニングを終了する、という6つの方法を取り上げます。

指示のことを「Sd（エス・ディ）」といいます。Sdは行動が起きるための弁別刺激のことです。たとえば、子どもに名前を言わせようとするときに「お名前は？」と問うことはSdを出すことです。子どもにSdを出すときには、子どもにきちんと伝わる方法を選択することが大事です。たとえば、10時30分にトイレに行く、ということを伝える方法には、いくつかのSdがあります。時間になったときに「トイレに行ってきて」と言う（言語教示）、トイレの絵カードを見せる（カード呈示）、トイレの動作サインを見せる（サイン呈示）など、これらはすべてSdです。これらのなかから、子どもが行動しやすいSdを見極め、指示することが大事です。伝わると思ったSdを出しても子どもが適切な行動をしないときには、いくつかの原因が考えられます。子どもがよそ見をしていたり、何かに集中していたりするときにSdを出したとしても、子どもは指示に従えません。視線を合わせたり、Sdとなるカードに注目させたり、名前を呼んで子どもの注意を引いてからSdを出しましょう。また、言葉でSdを出すときには、子どもが聞き取りやすいように、声のトーンを普段のしゃべり言葉とは変え、はっきりした口調で言うことが大事です。

一方で、Sdを使いすぎると、その刺激がないと行動が生じないなどの過剰な行動統制が起こってしまいます。つまり、自発性を阻害してしまうことがあります。また、場面に合わないようなSdを使ってしまうと、般化を阻害することになります。

[yayoi]

コラム17 褒めて行動を減らす

行動を減少させる手続きには、正の強化を使う手続きがあります。それは分化強化を応用した手続きで、4つの種類があります。分化強化とは、一方の反応に対して正の強化を随伴し、他方の反応に対して消去を行う手続きです。

- 代替行動分化強化（DRA）＿減少させたい行動と同じ機能をもった行動を強化し、減少させたい行動は消去する手続き
- 対立行動分化強化（DRI）＿減少させたい行動と一度にできない行動を強化し、減少させたい行動は消去する手続き
- 他行動分化強化（DRO）＿減少させたい行動が出現していないときに強化をする手続き
- 低頻度行動分化強化（DRL）＿減少させたい行動が一定数以下のときに強化する手続き　　　　　　　　　　　　　　　　　　　　　　　[yayoi]

コラム18 褒める

みなさんが子どもを指導するときに、絶対にしなくてはならないことは「子どもを褒める」=「子どもを強化する」ことです。「褒める」ことを行動論的に解説すると、「目標とする行動を増やすために強化子を呈示すること」です。「強化する」とは、子どもが望ましい行動をしたときに、その行動を繰り返すように「褒める」、つまり「強化子を提示する」ことです。子どもの望ましい行動が増えないときには、訓練者は「褒めたつもり」「強化したつもり」で、子どもに伝わっていないことがあります。強化子は目標とする行動が観察できた直後（0.5秒から10秒以内）に子どもに呈示します。強化子は子どもによって異なるので、教えている子どもの行動を増やすことができるものが強化子と言えます。

たとえば、宿題をすませたＡちゃんがお母さんに「宿題、すんだよ」と報告すると、お母さんがアイスクリームをくれたとします。すると、Ａちゃんがお母さんに「宿題、すんだよ」と報告する行動が増えました。このとき、アイスクリームは「強化子」です。もし、Ａちゃんがアイスクリームをもらって食べたとしても、次に「宿題、すんだよ」と報告する行動が増えなければ、アイスクリームは強化子とは言えません。

目標とする行動を増やすための「強化子」にはいろいろな種類があります。そして、それぞれの強化子には強度があります。くすぐりでも、こちょこちょ程度のもの／身体全体のくすぐり、お菓子にしても大好きなお菓子／そこそこ好きなお菓子のように、同じ極類の強化子でも強弱をつけて使うことができます。

[yayoi]

第5章
言語に関連する認知的スキル

認知的スキル指導の概要

　本章では、言語に関連したいくつかの認知的スキルの指導を取り上げる。LovaasやMauriceの指導プログラムでは、単純な試行錯誤の繰り返しで、数や文字、概念の指導が行われている。

　たとえば、Lovaas（2003）の色の指導は次のような手続きで行われている。

- ステップ1：赤色のカードを子どもの前に置き、訓練者が「あか」と言う。子どもにそれを指さしをさせる。もしできないときは、手を添えて指さしをさせる。5回中5回、または10回中9回プロンプトなしで指さしができたら次のステップへ移行する。
- ステップ2：青色のカードを使って、ステップ1と同じように実施する。
- ステップ3：2枚のカードを机に置いて（赤のカードは子どもの近くに、青は机の端に）、訓練者が「あか」と言い、指さしをさせる。できるようになったら、だんだんと2枚のカードの位置を接近させる。2枚のカードを接近させてできるようになったら、色カードの左右をランダムに変える。
- ステップ4：青色のカードでもステップ3と同じように進める。
- ステップ5：位置をランダムにし、プロンプトなしで「あか」のトレーニングを進める。10回中9回できるようになったらステップ6へ進む。
- ステップ6：「あお」のトレーニングをステップ5と同じように進める。

- ステップ7:「あか」と「あお」のトレーニングを徐々に混在させ、2つの刺激弁別を形成する。

もちろんこの指導の前には色のマッチングトレーニングが行われる必要がある。

また、モーリス・プログラムの「<同じ>と<違う>」を教える指導は、次のような手続きで行われている（Taylor & McDonough, 1996）。

(1) 物を3つ子どもの前に置く（2つは同じ物で、1つは異なる物、たとえば2つのスプーンと1つのボール）。そして「どれが同じ？」と尋ねる。正しい選択には強化をし、できないときにはプロンプトを使って教える。
(2) 「どれが同じ？」ができるようになったら、「どれが違う？」を指導する。
(3) 「どれが同じ？」と「どれが違う？」をランダムに教える。

これらのプログラムは有効な場合もあるが、概念学習について十分な課題分析［▶コラム20参照］が欠けているため、うまくいかない場合も多い。足し算の指導では、1+1が2であることを覚えるのではなく、未学習の問題を正しく解くことができるようになることが求められている。また、色の学習では、絵カードで色の学習ができるようになったら、絵カード以外のものでも色の学習ができるようになることが求められる。このように概念学習は般化的なスキルの獲得を目指しているにもかかわらず、指導されたスキルが般化的なスキルとなっているかどうかについての検討がなされていない。

ここではいくつかの概念学習を取り上げ、従来の手続きとは異なるプログラムを紹介する。

概念学習

　動物や乗り物といったクラス概念は、複数のメンバーから構成される集合についての名称である。動物というクラス概念は、象やウサギ、ライオンといった構成メンバーからつくられ、乗り物クラスは車や飛行機、電車などのメンバーからつくられている。概念学習は、特定の事物に対する名称を学習することではなく、ある程度の共通項をもった集合体についての名称を学習することである。

　通常、子どもの言語発達の途上には、特定の事物の名前を汎用的に使用する時期が見られる。犬を「ワンワン」と呼ぶことを学習した子どもは、猫を見ても「ワンワン」と言うことがあるし、ライオンを「ワンワン」と呼ぶこともあるだろう。このような刺激般化が最初に見られて、その後、猫は「ニャオ」と呼ぶように分化されていく。その後再び、事物の共通性を弁別刺激とした言語反応「どうぶつ」が形成されていく（図5.1）。

　発達障がいのある子どもたちにも、特定の事物の名前を汎用的に使用することが観察される。

　名称関係の学習は、事物（意味されるもの）とその名前（意味するもの）が一対一に対応する関係の学習である。一方、概念学習は一対多の対応関係の学習である。概念は、特定の事物に対する名前ではなく、刺激のまとまりや関係性を手がかりとした反応である。これまで、🍎を「りんご」という名称で呼ぶこと（一対一の対応関係）を学習してきた子どもにとって、🍎を「くだもの」と呼んだり、「くだもの」という言葉を聞いて🍎を選択したりすることは、大きな混乱を起こすことがある。

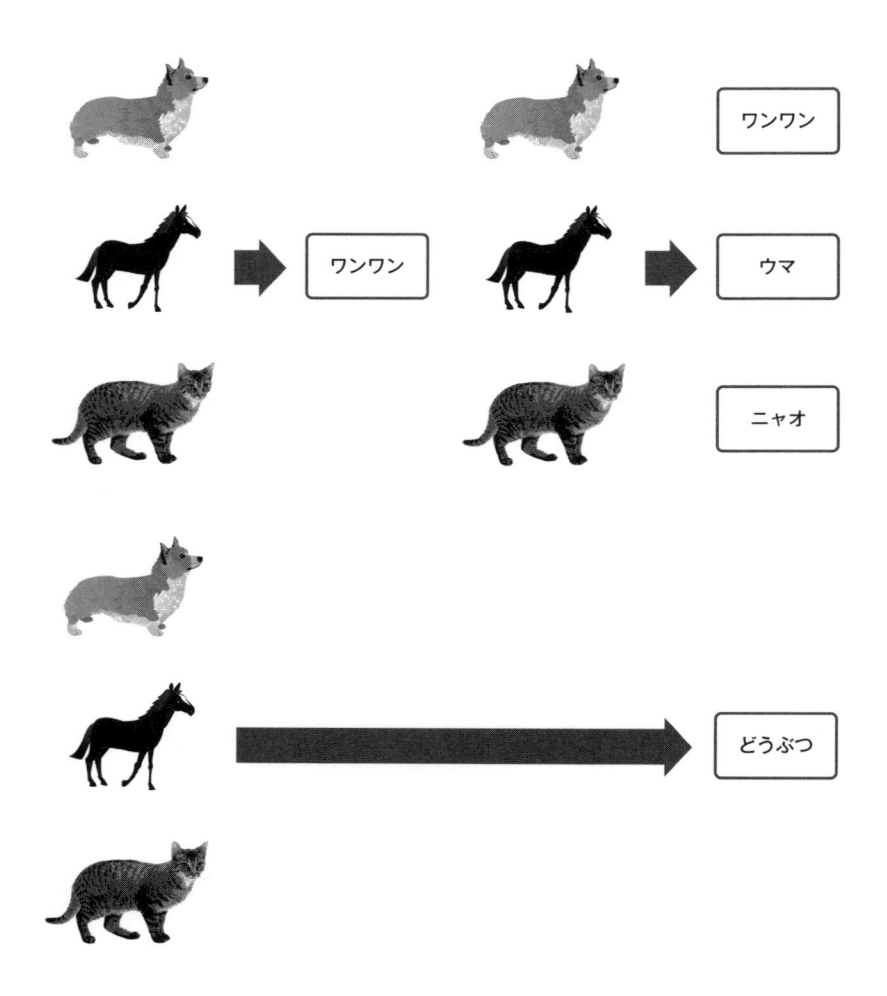

図 5.1　概念の形成

そこで概念学習を実施する前には、刺激のまとまり（刺激クラス）を形成する必要がある。ロバース・プログラムやモーリス・プログラムには、このステップが欠けていたり、刺激クラスの形成プログラムと概念的な言葉の学習がうまく関連づけられていなかったりしている。

クラス分類と色概念

分類（ソーティング）

刺激のまとまりをつくるために用いられる手続きのひとつは、分類（ソーティング）である。

課題名＿＿クラス分類
目標＿＿いくつかの事物や絵や写真をクラスごとに分類することができるようになる。
準備物＿＿動物、乗り物、果物などのクラスに対応する事物あるいは絵、写真を複数準備する（各クラスについて5つくらい）。事物や絵カードを入れるお皿、もしくは箱。
手続き
（1）お皿の上に1枚ずつ事物あるいは絵カードを置いておく（1枚目のお皿には象、2枚目には自動車、3枚目にはリンゴなど）。
（2）子どもに残りの事物あるいは絵カードをシャッフルして渡す。
（3）それぞれの事物を対応するお皿の上に置かせる。置かせるときには「イヌは動物」あるいは「動物」と言いながらモデルを提示して、子どもに模倣させる。

(4) 正しく置けたときには、褒めたり頭をなでたり、握手するなどの強化を行う。

(5) 間違ったときは正しいお皿を指さすなどのプロンプトを使って訂正する。訂正された反応の場合も強化を行う。

(6) すべての事物や絵カードで正しく分類できるようになったら、これまで使用していない新しい事物（絵カード）を用いてテストを行う。たとえば、これまで使用していない事物（キリン、クマ、消防車、自転車、キーウィ、メロン）を使って、正しい分類ができているかをテストする。

(7) もし、これまで使用していない事物を用いたときに分類ができない場合は、それを用いて再度、分類学習を進める（新しい事物で分類ができるまで）。

また、マッチングを用いた複数の範例を学習させる手続き（multiple-exemplars procedure）でもクラス分類の学習は可能である。

準備物　動物、乗り物、果物などのクラスに対応する事物あるいは絵、写真を複数準備する（各クラスについて5つくらい）。

手続き

(1) 各クラスから2つの事物、あるいは絵カードを選ぶ（たとえば、犬と猫、タクシーとパトカー、リンゴとミカン）。

(2) 子どもの前にそれぞれのクラスに対応する事物やカードを1つずつ、合計3つ置く（たとえば、犬、タクシー、リンゴ）。

(3) 残りのカードのなかから1つを選び、子どもに提示する（たとえば、猫）。

(4) 子どもに対応する事物を選択させる。正しい選択は強化する。間違った場合は、事物を指さしたり、手を誘導したりしてプ

ロンプトし、選択させる。この場合も強化を行う。
（5）3つの対応関係（犬と猫、タクシーとパトカー、リンゴとミカン）が学習できたら、組み合わせを変える（たとえば、猫とライオン、タクシーと消防車、リンゴとバナナ）。
（6）この手続きを、これまで使用していない事物でもマッチングができるようになるまで続ける。

色の分類

色もクラス概念のひとつであり、事物のクラスと同じ手続きで色の分類を指導することができる。いろいろな形の色カード（たとえば、四角や三角や丸の色カード）や、いろいろな色の鉛筆、または事物（リンゴ、イチゴ、キュウリ、スイカ、バナナ、レモン）などを使用して学習を進める。

言語刺激による制御

分類ができるようになったら（すなわち刺激クラスの形成ができたら）、次には音声刺激や文字刺激などの言語刺激によって、刺激クラスの制御を行う。具体的には、犬や猫、ライオン、キリンなどが書かれた1枚の絵カードを「どうぶつ」と命名できるようになることや、「乗り物は？」という問いかけに対して飛行機の絵を指させるようになることである。

次の課題は、言葉の理解課題（受容言語）と呼ばれるが、行動分析学の視点からは選択反応によるイントラバーバル行動（Selection-based Intraverbal Behavior）とも呼ばれる（Michael, 1985）。

課題名 クラス名による事物の選択

目標 クラス名を提示されたときに対応する絵カードを選択できるようになる。たとえば「どうぶつ」と言われたとき、犬のカードを選択することができるようになる。

準備物 動物、乗り物、果物の絵カードを各2枚ずつ用意する。

事前課題 クラス分類ができるようになっていること。

手続き

(1) 動物、乗り物、果物の絵カードを1枚ずつ（合計3枚）、子どもの前に置く。

(2) 「どうぶつは？」（あるいは「くだものは？」）と尋ねて、対応するカードを選択させる。正しく選択できた場合は強化する。

(3) 間違った選択の場合は、同じクラスに属する別のカードを見せてプロンプトする（たとえば、子どもの前に、犬、自動車、リンゴのカードが置かれていて、「どうぶつは？」と尋ねたとき、誤ったカードを選択したら、猫のカードを見せて、犬のカードを選択させる）。

(4) 可能であれば、絵カードを選択させるときに、子どもに絵カードの命名をさせる。たとえば、「どうぶつは？」と尋ねて犬のカードを選択させるときに「いぬ」と命名させる。

(5) できるようになったら、新しい組み合わせで反復する。

このようなプロンプトを用いることで、事前課題であるクラス分類課題との系統性を確保する。また、文字が読める子どもの場合には、文字刺激を使ってもかまわない。

音声による応答へ──音声によるイントラバーバル反応の形成

　音声やサイン、あるいは文字を書くなどによるイントラバーバルは、反応型イントラバーバル（topography-based Intraverbal）と呼ばれている（Hall & Chase, 1991）。この課題と研究の背景については第 4 章「イントラバーバル研究」で紹介しているので、ここでは指導手続きだけを簡単にまとめる。

　　課題名＿＿音声による応答（クラス名）
　　目標＿＿「どうぶつは？」などの質問に対して、「いぬ」などのように音声を用いて返答することができる。
　　準備物＿＿動物、乗り物、果物の絵カードを各 2 枚ずつ用意する。
　　事前課題＿＿クラス分類、クラス名による事物の選択課題ができていること。
　　手続き
　　（1）3 枚のカードを子どもの前に置いて、口頭で質問し（たとえば「どうぶつは？」）、絵カードを選択させる。このとき、必ず参加者に口頭で答えを言わせながら絵カードを選択させる。絵カードの並び順は一定にし、無反応あるいは誤反応のときは正しい応答を示しエコーイックさせる（エコーイック・プロンプト）。
　　（2）3 枚の絵カードをすべて裏返してステップ 1 と同様に実施する（カードの並び順もステップ 1 と同じ）。無反応あるいは誤反応のときは、絵カードを表に返してプロンプトする（視覚的プロンプト）。視覚的プロンプトによっても正しい反応が見られないときにはエコーイック・プロンプトを用いる。
　　（3）絵カードを子どもの前に置かないで、訓練者がステップ 2 と同じ順序で 3 枚のカードを手で持ち、絵カードを裏返したま

まの状態で見せながら（絵は見えない）、質問をする。無反応あるいは誤反応のときは、瞬間的にカードを表にして絵を見せてプロンプトする。この視覚的プロンプトによっても正しい応答が見られないときにはエコーイック・プロンプトを用いる。
（4）訓練者は絵カードを持たないで、子どもに質問をする（ベースライン条件と同様）。無反応あるいは誤反応のときはステップ3の手続きでプロンプトする。

色の命名と選択

イントラバーバルを用いた色の命名と選択

　音声刺激による色の選択と命名に困難を示す子どもは多い。その子どもたちは、色の分類はできるにもかかわらず、音声で「あかは？」と尋ねられても赤色の事物を選択することや、赤の事物を提示されて「何色？」と尋ねられても「あか」と答えることができない。

　このようなケースに対して、谷（1997）は、イントラバーバルを用いた指導法を報告している。また色概念に関する発達的研究は、子どもが色の概念を発達させる途上で事物の名称を色名の代わりに用いることがあると報告している（Okamoto, 1963）。たとえば、白いふわふわのスリッパを見て、「ワンワンクック」と呼ぶような場合である。これを活かして、音声刺激による色の選択と命名に困難を示す子どもに、いったん事物の名称（音声刺激）を用いた色の選択と命名を形成し、その後、イントラバーバルを用いて色名へと変換するというのが谷（1997）の用いた手続きである。

　この手続きでは、最初に、赤の色カードと赤い事物、たとえばりんごをマッチングさせ、その後赤い色カードを「リンゴ」と命名し、ま

た「りんご」という音声刺激で赤い色カードを選択させる。その後、「りんごは？」という音声刺激で「あか」と答えるイントラバーバルを形成することで、赤い事物を「アカ」と命名できるようにする手続きである。

　図5.2〜5.5は、色の分類はできるが音声刺激での色カードの選択や命名が困難な子どもの、刺激－刺激関係と刺激－反応関係を整理したものである。図5.2はりんごの絵カードを提示したときの関係を整理している。その結果、絵カード同士のマッチングや絵カードと色カードのマッチング、そして絵カードの命名は可能であった。色カードを提示したときは、色カード同士のマッチングや色カードと絵カードのマッチングは可能であったが、色カードの命名はできていなかった（図5.3）。「りんご」という音声刺激に対しては、りんごの絵カードを選択することができ、「りんご」とエコーイック（音声模倣）することもできた（図5.4）。また、「あか」という音声刺激に対しては、色カードの選択はできなかったが、「あか」とエコーイックすることはできていた（図5.5）。

　これらの関係を組み合わせると、「りんご」という音声刺激で赤い色カードを選択する関係が成立することが想定される。つまり、「りんご」→「リンゴの絵」→「赤い色カード」という経路を通って、「りんご」→「赤い色カード」の選択ができる（推移律）ことが想定される。そこで、この関係を学習させ、次に「あかはりんご」という音声刺激を提示し、それを模倣させる。さらに、「あかは？」と尋ねて「りんご」と答える練習を行う（イントラバーバル）。図5.6はこの関係を図示したものである。

　この関係が成立すると、「あか」という音声刺激に対して「りんご」という言語反応（イントラバーバル）と赤の色カードの選択ができるようになる。

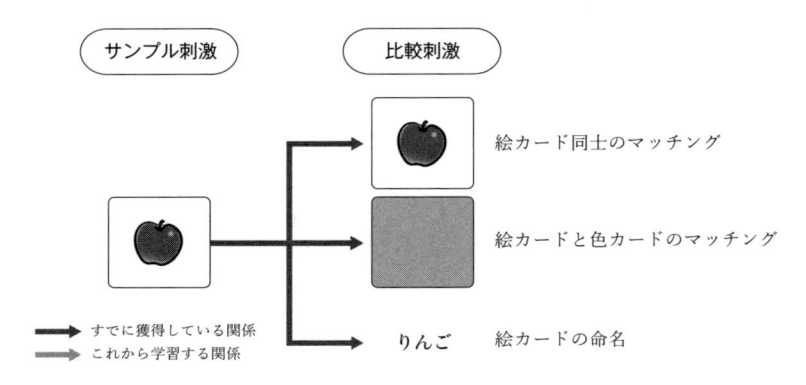

図 5.2　事前スキルの関係 1

サンプル刺激／比較刺激

- 絵カード同士のマッチング
- 絵カードと色カードのマッチング
- 絵カードの命名（りんご）

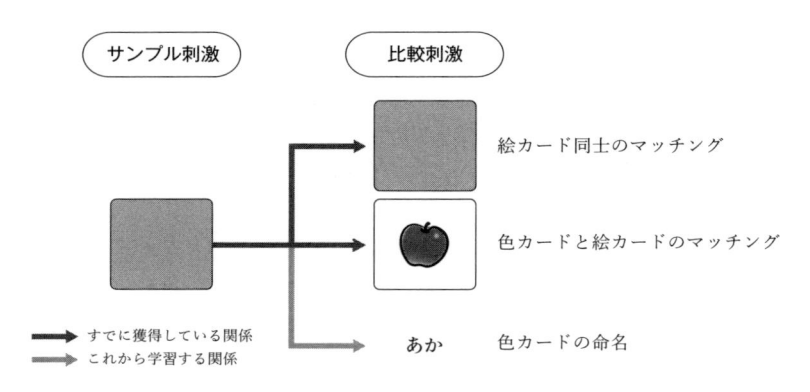

→ すでに獲得している関係
→ これから学習する関係

図 5.3　事前スキルの関係 2

サンプル刺激／比較刺激

- 絵カード同士のマッチング
- 色カードと絵カードのマッチング
- 色カードの命名（あか）

→ すでに獲得している関係
→ これから学習する関係

　一方、赤の色カードの命名ができるようになるには、「あかは？」と尋ねられて「りんご」と答えるイントラバーバルを反転した刺激－反応関係が必要になる。これは、「りんごは？」と尋ねられて「あか」と答えるイントラバーバルである。「りんごは？」と尋ねられて「あか」と答えることができるようになると、「りんご」→「リンゴの絵カー

→ 音声刺激による選択

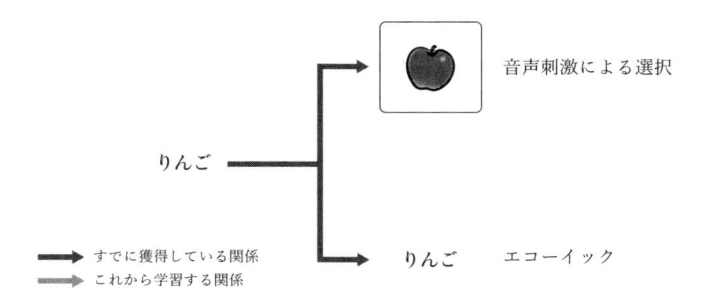

りんご

→ すでに獲得している関係
→ これから学習する関係

→ りんご　エコーイック

図 5.4　事前スキルの関係 3

→ 音声刺激による選択

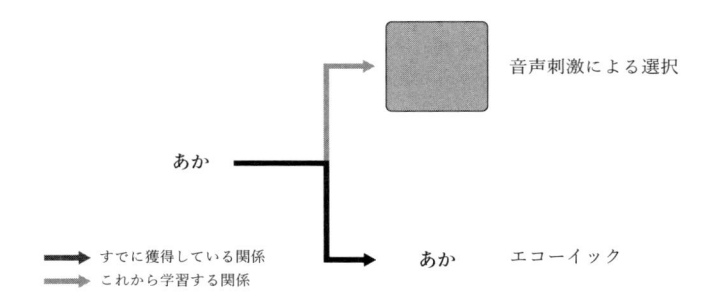

あか

→ すでに獲得している関係
→ これから学習する関係

→ あか　エコーイック

図 5.5　事前スキルの関係 4

　ド」→「赤の色カードの選択」、つまり「あか」という関係が成立する。その結果、赤の色カードを見て「りんご」と言い、その言語刺激を手がかりとして「あか」と命名することができるようになる。

　イントラバーバル反応を反転させる般化的な能力は、学習性のものであるかもしれない。つまり、「りんご」→「あか」と、「あか」→「りんご」のように、イントラバーバルを反転させる学習を反復することで、未知のイントラバーバルを教えられたときでも直接の学習なしで反転性のイントラバーバルを出現させることができるようになる可能

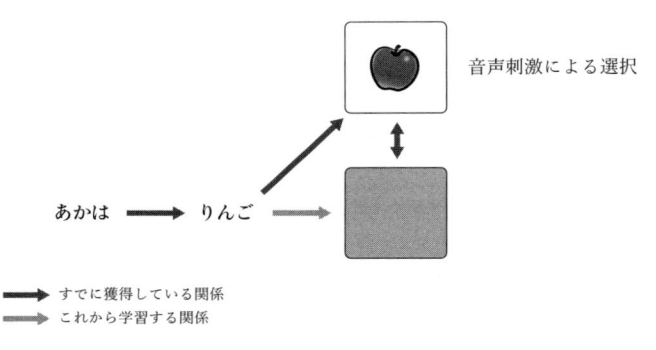

図 5.6　イントラバーバルを用いた色カードの選択

（図中）
音声刺激による選択
あか　→　りんご
→　すでに獲得している関係
→　これから学習する関係

性がある（Tani et al., 2010）。このような般化的な反転反応が学習されると、イントラバーバルを用いた概念学習は非常に効率よく進むことになる。

色と形の弁別

　色の命名や選択、形の命名や選択ができているのに、色と形が同時に含まれた刺激を提示されて「どんな色（形）？」と尋ねられたときでも、正しく答えることができない子どもも多い。たとえば、赤い丸の書かれたカードを提示されて、「どんな色？」と尋ねられても「まる」と答えてしまう場合である。これは単純に質問の弁別が困難になっているために生じていると考えられる。しかし、試行錯誤手続きの反復では、うまく学習が進まないことがある。

　　課題名＿色と形を答える
　　目標＿色のついた形が書かれたカードを見て、「どんな色（形）？」

に正しく答えることができる。

準備物　いくつかの色（赤、青、黄色など）で色塗りされた形（丸、三角、四角など）が書かれた刺激カード（3色×3つの形で9種類）。1枚のカードに赤、青、黄色が書かれた色手がかりカード。1枚のカードに丸、三角、四角の書かれた形手がかりカード。

事前課題　色の命名、選択、形の命名、選択ができていること。

手続き

(1) 色手がかりカードを子どもの前に置き刺激カードを提示する。
(2) 「どんな色？」と尋ねる。
(3) 正しく答えることができた場合には褒める。間違っている場合や無反応の場合には、色手がかりカードを訓練者が指さしをしてプロンプトする。
(4) 「どんな色？」という質問に対して正しく答えることができるようになったら、形手がかりカードを子どもの前に置き、刺激カードを提示する。
(5) 「どんな形？」と尋ねる。
(6) 正しく答えることができた場合には褒める。間違っている場合や無反応の場合には、形手がかりカードを訓練者が指さしをしてプロンプトする。
(7) 次に、「どんな色？」という質問と「どんな形？」という質問をランダムに反復する。
(8) 正しく答えることができるようになったら、手がかりカードを提示しないで質問を行う。
(9) 誤反応の場合は、手がかりカードを提示してプロンプトする。

この手続きでは、最初に手がかりカードを訓練者の質問（「どんな色（形）？」）の補助的な刺激として使用し、その後フェイドアウト

している。時には、このフェイドアウトがうまく進まない場合もある。その場合は、手がかりカードの代わりに言語的なヒントを使うことができる。たとえば、「どんな色？」と尋ねたときに、プロンプトカードを提示すれば正しく答えることができるが、プロンプトカードを提示しないと正しく答えることができない場合、訓練者は「赤？　青？　黄色？」などの言語的なヒントを提示することができる。

　日常的な会話のなかで色や形を尋ねられたとき、手かがりカードを提示することで機能的なコミュニケーションが成立するのであれば、聞き手側が手がかりカードを持っていればよい（あるいはその場面で書く）。また、言語的なヒントが適切な応答を引き出すのであれば、より柔軟なコミュニケーション行動の成立につながる。

　流暢に言葉を操ることのできる成人であっても、「その人はどんな人だった？」と尋ねられたときに、返答に困る場合がある。その際、質問者が「髪の色は黒？　茶色？」「背は高い？　低い？」などとヒントを提供するだろう。このヒントを手がかりにして適切な反応を行うことができれば、機能的なコミュニケーションが成立する。

数の指導

　数概念の学習はいくつかの要素に分けられる。数と事物を一対一で対応させること、数字を見て読むこと、事物を大きい順番や小さい順番で並べること、数字を大きい順番、小さい順番で並べること、個数を数えること、数を聞いて対応する数の事物を抽出すること、そして数を操作する（増やす、減らすなど）ことなどである。

　ロバース・プログラムやモーリス・プログラムでは、数の指導は数

字の命名や選択に限られており、数概念の形成に関する多くのプログラムが欠如している。

一対一の対応

　数は複数の事物を、その大きさや長さに関係なく、一対一に対応づけられる。5人の子どもがいてアイスクリームが6個あるとき、1人に1個ずつ配っていくとアイスクリームが1個余る。このとき、アイスクリームのほうが「数が多い」と言う。幼児の数指導のプリント教材では、子どもとアイスクリームを線で結ぶような線引き課題が使われることが多い。

　この課題をプリント教材以外で実施することを考えてみる。お皿や箱を複数用意し、何かの事物（たとえば、アイスクリームのおもちゃ）を複数用意する。子どもの前にお皿を並べ、お皿に1個ずつアイスを置く課題である。日常生活では、食事のときにお茶わんやお箸を家族分並べるという行動が、一対一対応の学習となる。

　　課題名＿数と事物の一対一の対応
　　目標＿皿や箱、乗り物などに1個ずつ事物を入れる。
　　準備物＿箱を複数個用意する。箱に入れるおもちゃ（車や電車、アイスクリームのおもちゃ）を複数個用意する。
　　手続き
　　（1）子どもの前に、箱を複数個置く。余りのおもちゃを置く箱かお皿を用意する。
　　（2）子どもには複数個のおもちゃを渡しておく。
　　（3）箱のなかに、1個ずつおもちゃを置かせる。
　　（4）余ったほう（箱かおもちゃ）を余りの箱に入れる。

(5) もし、音声もしくはサインを使うことができる場合は、「○○が多い」と命名させる。
(6) 箱が余る場合、おもちゃが余る場合などを設定して練習する。

　大きさや長さという次元で事物を並べることは、大きさや長さを弁別刺激として行動する学習だけでなく、出来事を一連の順番に並べる反応の学習でもある。たとえば、モンテッソーリ教材［▶コラム23参照］にある円柱さしは、大きさや長さの順番を感覚的に学習するために便利な教材である。円柱さしができるようになったら、絵や写真で順番に並べる学習ができる。

課題名__順番に並べる

目標__複数の絵が描かれたカードを少ない順、あるいは多い順に並べることができるようになる。

準備物__特定の事物(たとえばクルマ)の絵が1～10個書かれたカードを2セット。

手続き

(1) たとえば、クルマの絵が1～10個書いてある10枚のカードを2セット用意する。1セットは子どもの前に少ない順番に並べて提示しておく（図5.7）。
(2) もう1セットを子どもにシャッフルして手渡し、提示されているカードの下（もしくは上）にカードを置かせる。これは数を手がかりとしたマッチングである。
(3) これができるようになったら、提示してあるカードのなかから1～2枚を裏返して置く。子どもは少ない（多い）順に絵カードを置いていく。
(4) 裏返しで提示するカードを徐々に増やしていく。

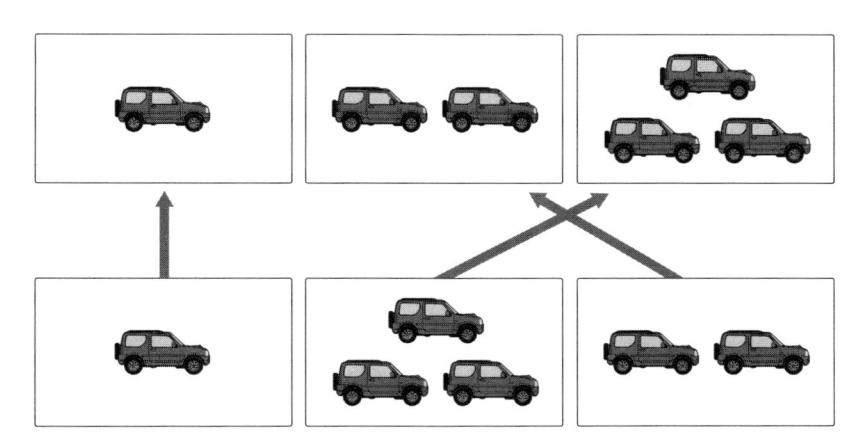

図 5.7　数の並べ替え

　　(5) すべてのカードを裏返して提示する。
　　(6) 提示するカードを使用しないでカードを並べる。

　この課題では、カードに書かれた絵の配置が手がかりとなってしまう可能性があるので、絵カードは複数セット準備しておく。たとえば、あるセットでは事物が一列に並んでいるが、別のセットではサイコロの目のように並んでいるなどである（図 5.8）。同じセットのカードで並べ替えができるようになったら、次は異なるセットを用いて練習をする。つまり提示するカードは絵が一列に並んでいるが、子どもが並べるカードはサイコロ状に絵が描かれているセットを用いる。
　これらのカードで絵を並べることができるようになったら、提示するカード、もしくは並べるカードのどちらかをドッツカードにしていく。ドッツカードは点の集まりで数を表したものである。丸いシールを貼り付けて簡単に作ることができる。

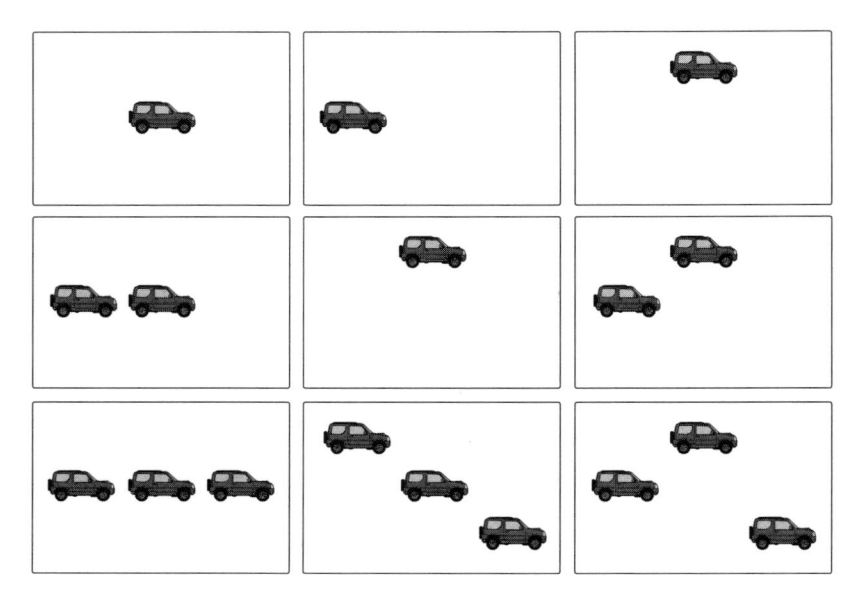

図 5.8　数の並べ替えカード

　このように、配置や絵を手がかりにするのではなく、数を手がかりにした並べ替え（マッチング）ができるように促していく。

数字の並べ替え

　　課題名＿数字の並べ替え
　　目標＿数字を1から順番に並べ替えることができるようになる。
　　事前に必要なスキル＿数字のマッチングができる。
　　準備物＿1から10までの数字の書かれたカードを2セット用意する（裏は何も書かれていないもの）。

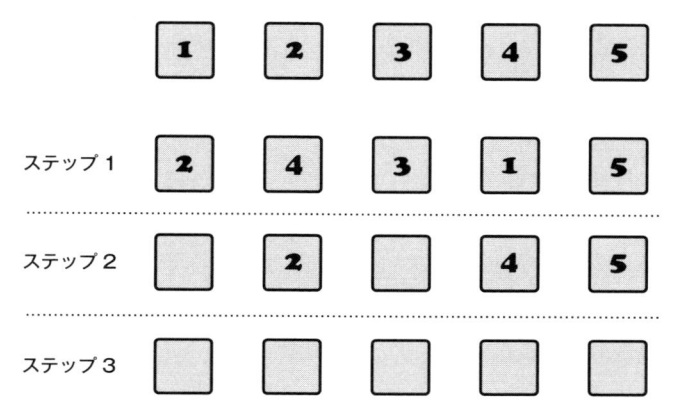

図 5.9　数字並べ

手続き

(1) 子どもの前に、1から順番にお手本のカード、もしくは1から10までの数字を書いた紙を置く。子どもには数字カードを渡し、お手本カードもしくは紙に書かれた数字の上（もしくは下）に、カードを置かせる（マッチング）。
(2) お手本のカードのいくつかの数字を裏返す（あるいはブランクにする）。子どもに数字カードを置かせる。わからなければお手本カードを表に返して（あるいは数字を書き込む）プロンプトする。
(3) だんだんと裏返すカードの数を増やしていき、最終的にはすべて裏返す（ブランクにする）（図5.9）

数のマッチング

課題名　数のマッチング

目標＿お手本と同じ数だけ事物を提示することができるようになる。

準備物＿複数個の絵の描かれたカード（たとえば、リンゴが3個など）、おはじきやコイン、何も書かれていないカード。

手続き

(1) 複数個の絵が描かれたカードを提示し、同じ個数のおはじきを何も書かれていないカードの上に置かせる。正しくできたときは褒める。間違ったときは、複数個の絵の描かれたカード上の絵を1つ1つ指さしながら、おはじきを置かせる。

(2) ステップ1が正しくできるようになったら、数字を表現した指の絵を用いて（2であれば指が2本提示されている絵）、ステップ1と同様に行う。

(3) 指の絵カードで正しくおはじきが置けるようになったら、実際に訓練者が指を示して、置けるように指導する。

　この手続きが困難な場合には、絵を変更し、異なる事物が複数個書かれたカードを用いてこの課題を練習してみるとよい（たとえば、リンゴ、バナナ、ミカンなど）。子どもが正しくできないとき、訓練者は、絵カードを指さしながら「リンゴ」と言い、おはじきを1個、何も書かれていないカードの上に置かせる。次にミカンを指さしながら「ミカン」と言い、もう1つおはじきを置かせる。次に「バナナ」と言いながら、もう1つおはじきを置かせる。

数える

課題名＿数を数える

目標＿事物の数を数えることができるようになる。

事前に必要なスキル＿数字の並べ替えができ、数字の命名、数唱がで

きていることが望ましい。

準備物＿数字の並べ替えで使った紙（いくつかのブランクが書かれた紙）、1から10までの数字の書かれたカード。

手続き

（1）1から10までの数字の書かれた数字カードを子どもに手渡し、1から順番にブランクの上に置かせる。数字を読みながら数字カードを置かせる（可能な場合）。ブランクの数をランダムにして反復する。「いくつ？」と尋ねて、最後に置いたカードを指さし、答えさせる（可能な場合）。口頭での返答が難しい場合は、最後に置いたカードを指さし、あるいは手に取らせて答えさせる。

（2）ブランクをリンゴや車などの事物の絵に変更する。

（3）絵の配置をバラバラにして、繰り返す。

（4）数字カードを使わずに、絵を指さしさせて数字を言わせる。

数の抽出

課題名＿数の抽出

目標＿数字を提示されたときに、対応する個数の事物を出す。

事前に必要なスキル＿数の並べ替え、数字のマッチング、数える。

準備物＿1から10までの数字の書かれたカード、おはじき（コイン）。

手続き

（1）訓練者は特定の数字を示し（音声あるいは数字カードで）、数字カードを並べさせる（たとえば「4」と言い、4までの数字（1～4）を順番に並べさせる）。

（2）すべての数字でできるようになったら、数字カードをおはじきやコインにして、ステップ1と同じように実施する。おは

じきやコインを並べることができなかったら、おはじきやコインに数字を貼り付けてもよい。数字を貼り付けたおはじきで、正しく並べることができるようになったら、数字カードは徐々に外していく。

　数の抽出は、その他いろいろな方法で実施することができる。たとえば、数字に対して指を出す行動を形成し、それを用いて数を抽出する行動を指導することもできる。訓練者が「4」と言い、それに対して子どもが指を4本出すという行動を形成する。10までの数字に対して適切に動作ができるようになったら、子どもに自分自身の指を見ながら、おはじきを置くように指導する。

お金の学習

　数の学習は、日常の生活のなかではお金を使うという場面に応用されることが多い。お金の学習は、お金を数えることと、金額に相当するお金を出すことの2つを中心に実施される。10までの数を数えることと、抽出ができるようになったら、お金の学習に進むことができる。

　課題名＿＿お金を数える
　目標＿＿3ケタのお金を数えることができるようになる。
　事前に必要なスキル＿＿硬貨の弁別、硬貨の命名、個数を数えること。
　準備物＿＿1、10、100円の硬貨（複数枚）、計算版（図5.10）。
　手続き
　　（1）計算版に1, 10, 100円の硬貨をそれぞれの場所に複数枚置く。
　　（2）1、10、100円の硬貨をそれぞれ数えさせる。
　　（3）個数を上の空欄に記入させる。

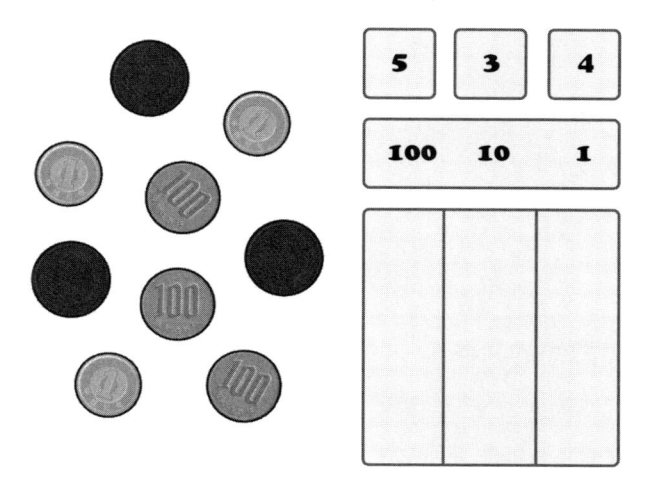

図 5.10　計算版

（4）できあがった3ケタの数字を読ませる。

課題名__お金を出す
目標__3ケタのお金を出す（抽出する）ことができるようになる。
事前に必要なスキル__硬貨の弁別、硬貨の命名、個数を数えること。
準備物__1、10、100円の硬貨（複数枚）、計算版（図5.10）。
手続き
　（1）計算版の上の空欄に3ケタの数字を記入する（たとえば534）。
　（2）100の位の数字を読ませ、100円硬貨を置かせる。
　（3）10の位の数字を読ませ、10円硬貨を置かせる。
　（4）1の位の数字を読ませ、10円硬貨を置かせる。

計算版を使って、お金を数えること、抽出することができるように

なったら、計算版を使わずに練習することもできる（もちろん、計算版を使いながら実際の買い物学習へつなげていってもよい）。さらに、お金の抽出の学習では電卓の表示（7セグメントの表示）を見ながら、お金を出すことができるように指導していくと、レジの表示を見てお金を出すことが容易になるだろう。

その他の認知的スキル

　抽象的な概念がある程度習得できてきて、一般的な質問に対する簡単な応答［▶第4章参照］ができるようになってくると、より高次な聞き手行動や応答ができるようになることが課題となる。たとえば、幼稚園や保育園から帰ってきて、「今日、何をしたの？」という母親の問いかけに答えることができるようになることや、一日の流れの説明が理解できるようになることに挑戦していく。ここでは、ストーリーに従って絵や写真を並べたり、ストーリーを話したりするなどの課題を取り上げていく。

お話並べ（sequencing）

　お話並べは、モーリス・プログラムのなかでは中級の理解言語スキルとして紹介されている。最初にこのプログラムを紹介し、次にいくつかの変更を加えたプログラムを簡単に紹介する。

　　課題名＿＿お話並べ
　　目標＿＿一連のストーリーの書かれている絵カードを順番に並べる。

準備物＿＿お話並べカード。

手続き

（1）一連のカードを子どもに渡し、「順番に並べて」と指示する。

（2）左から正しい順序でカードを置くようにプロンプトする。

（3）正しい反応は強化する。

（4）徐々にプロンプトはフェイドアウトしていく。

課題名＿＿一連のカードの説明

準備物＿＿お話並べカード

事前に必要なスキル＿＿各絵カードをフルセンテンスで記述することができること。

手続き

（1）一連のカードを子どもに渡し、カードを順番に並べさせる。

（2）「お話をして」と言い、子どもに1つずつ絵を指さしさせながら順番に説明をさせる。たとえば「女の子がジュースを注いで、ジュースを飲んで、流しにコップを置いている」のように説明させる。

この手続きでは、順番に並べるということを子どもに教える手順が省略されているので、次のような手続きを前もって実施しておく必要がある。

課題名＿＿お話を順番に並べる

準備物＿＿2セットのお話並べカード、カードの大きさの枠を書いた紙（図5.11）。図5.11のように、上の段の四角の枠にあらかじめ1セットのお話並べカードを正しい順番に配置しておく。

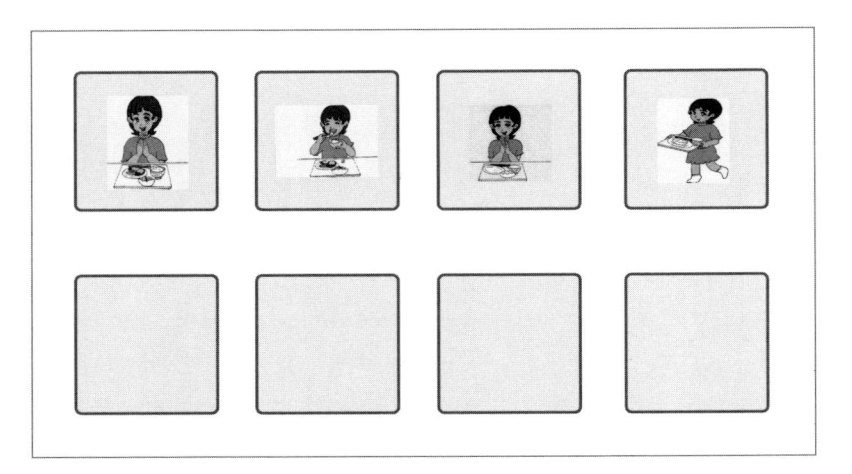

図 5.11　お話並べ課題

手続き
(1) 子どもにもう1セットのお話並べカードを手渡し、下段の枠にマッチングさせる。そのときに、各絵カードを命名させる（たとえば、「いただきます」）。
(2) マッチングと絵カードの命名ができるようになったら、4枚のカードのうち、いくつかを裏返して置く。その状態で絵カードのマッチングと命名を行う。
(3) だんだんと裏返す枚数を増加させ、最終的にはすべて裏返した状態で並べ替えと記述ができるようにする。

「次はどうなる?」「どうして?」に答える

お話並べとその説明ができるようになったら、「次はどうなる?」「どうして?」に答える課題へと進めることができる。

はじめはみんな話せない

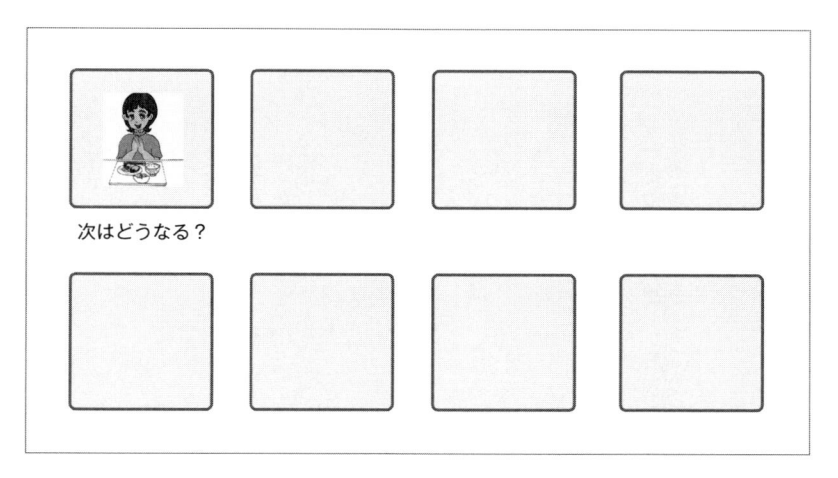

図 5.12 「次はどうなる？」

課題名__「次はどうなる（どうして？）」に答える
目標__絵カードを見て、「次はどうなる（どうして？）」という質問に答えることができるようになる。
準備物__お話並べカード
手続き
(1) お話並べカードを正しい順番で並べる。最初のカードだけを表にし、残りのカードは裏返して置く。子どもに、最初のカードを示し「何をしてるところ？」と尋ねる。正しく答えることができたら強化する（図 5.12）。
(2) 次に「次はどうなる？」と尋ねる。正しく答えることができなかったら、2番目のカードを（裏返したままで）指さし、プロンプトする。それでも答えることができない場合には、カードを表にして答えさせる。

（3）同様に、最後のカードまで「次はどうなる？」と尋ねる。

　「次はどうなる？」ができれば、逆の順番から尋ねていく。最後のカードだけを表にし、「何をしてるところ？」と尋ねる。その後「どうして、お片づけしているの？」と尋ねて「〜だから」と答えさせる。できないときは、指さししたり、カードを表に返したりしてプロンプトする。
　カードを使った学習ができるようになったら、カードを徐々にフェイドアウトしてイントラバーバルを形成する［▶第4章参照］。

絵本課題

　これまで紹介してきた基礎的な概念（形や色、大きさなど）や数、一般的知識、お話並べなどの課題を統合して進めるのが、応用課題としての絵本課題である。
　子どもに絵本を読んであげながら、これまでの学習を統合していく。絵本の挿絵を示しながら、1〜2ページ読み聞かせ、簡単な質問をする。たとえば「これは誰かな？」「バナナはどこ？」「いくつある？」などの質問をして、答えさせる。最後まで読み終わったら、「どんなお話だった？」と尋ねて、説明をさせる（必要なら絵本のページをめくりながらプロンプトする。すなわちお話並べの応用）。
　簡単な絵本として『かばくんのいちにち』（ひろかわ・さえこ（1991）あかね書房）、中級の絵本として『まいちゃんのいちにち』（神沢利子・垂足真子（1992）小峰書店）などが使いやすい。

伝言課題（Deliver a Message）

　　伝言課題もモーリス・プログラムのなかで紹介されている。

　　子どもを椅子に座らせ注目させる。「〜に…と言ってきて」（たとえば、「ママにお昼の時間だよと言ってきて」）と指示する。子どもをプロンプトしてその人に近づかせ、注目させ、伝言を言わせる。プロンプトは徐々にフェイドアウトする。

　　しかし、このような手続きがうまくいくとは限らない（うまくいかないことも多い）ので、次のように手続きを改良することができる。

● ステップ1
　（1）訓練者と子どもは向かい合う（立っていても、座っていてもいい）。母親（父親）は子どものすぐ後ろに立つ。
　（2）訓練者は子どもに1枚の絵カード（命名のできるもの）を、その名称を言いながら手渡す（たとえば、「パトカー」と言いながら絵カードを渡す）。
　（3）子どもにその絵カードを後ろにいる母親に手渡させる。同時に絵カードを命名させる。命名ができない場合は絵カードを見せてプロンプトをする。あるいは、（1）から再度実施する。
　（4）母親は「ありがとう」などの褒め言葉や身体接触で強化する。
　（※ここまでのステップが、プロンプトなしでできるようになったら次のステップに進む）

● ステップ2
　（1）母親（父親）が立つ位置を少し後ろに変更し、子どもが移動して絵カードを手渡すようにする。他の条件はステップ1と同一にする。

- ステップ3
    (1) 訓練者は白紙のカードを子どもに手渡し、伝言をする（たとえば「ごはん」）。
    (2) 子どもは白紙のカードを持って母親のところに行き、伝言する。できない場合は（1）に戻る。
    （※たびたび誤反応が続く場合には、ステップ2に戻る）

- ステップ4
    (1) 訓練者はカードを使わずに、伝言をする。
    (2) 伝言の内容を少しずつ複雑にしていく（「ごはんできたよ」「お母さん、お風呂わいたよ」など）。

自発的に質問をさせる

　Williams et al.（2000）は、子どもに自発的な質問をさせるための興味深い手続きを報告している。この研究では4歳になる2人の自閉症児が対象であった。子どもたちは"I want..."という文を使って事物を要求したり質問に答えたりすることができていた。子どもたちには、いろいろな形や色の箱が示された。そのなかには子どもたちの大好きなおもちゃが入っていた。もちろん、子どもたちはそのなかに大好きなおもちゃが入っていることは知っていた(経験していた)。訓練者は、その箱を抱えて「わー、私これ大好き」とコメントをする。そして、「それ何？」と子どもにモデルを提示し、反復させた。子どもがその質問を反復したら、訓練者は箱のなかに入っているおもちゃの名前を告げ、おもちゃを子どもに渡した。

　この遊びを繰り返しながら、徐々にモデルをフェイドアウトさせて、自発的に質問をするように教えていった。「それ何？」という質問が

できるようになったら、別の質問の仕方を教えていく。

　子どもが自発的に「それ何？」と尋ねてきたら、訓練者は子どもにそのおもちゃの名前を告げるが、子どもにはおもちゃを見せず、手渡さないようにする。代わりに訓練者は「それ見せて」とモデルを提示し、子どもに模倣させ、正しく模倣できたら「はい、じゃあ見せてあげるね」と告げて、おもちゃを見せて渡した。

　この手続きは、機能的な文脈で「これ何？」と自発的に質問する行動を形成している。子どもの好きなおもちゃを見えない状況に置くことで、確立操作を行った手続きである。

　絵カードの命名学習を使って、「これ何？」と自発的に質問する行動を形成することもできる。

課題名__「これ何？」と自発的に質問すること
準備物__命名のできる絵カード10枚くらいと命名のできない絵カード3〜4枚。訓練者と補助をする人（きょうだいでもかまわない）。
手続き
（1）絵カードを訓練者が持ち、ランダムに提示する。
（2）子どもが正しく命名できたら、強化する。
（3）命名できない場合は、訓練者は「〜に聞いてごらん」と補助をする人に尋ねるように促す。「これ何？」とモデルを提示し、補助をする人に向かい合わせて尋ねさせる。
（4）子どもが「これ何？」と補助をする人に尋ねることができたら、補助をする人がその絵カードの名前を教える。
（5）再度、訓練者は命名できなかったカードを提示する。子どもが正しく命名できたら強化し、できなかった場合には再び（3）に戻る。

話を聞く

　このプログラムでは、話を聞いてその要点をつかむことを目標にする。まず、訓練者が簡単なお話を聞かせる。たとえば「太郎君は、自転車に乗って、コンビニに行きました。アイスを買いました」というようなお話を子どもに聞かせる。最初は、お話に対応する絵カード（自転車、コンビニ、アイス）を見せながら聞かせてもよい。その後、それらの絵カードを子どもの前に置き、「何に乗ったの？」「何を買ったの？」「どこへ行ったの？」と質問をする。子どもは、質問に対応する絵カードを選択しながら、答える。

　このプログラムは、いろいろな場面で応用することができる。たとえば、父親が帰宅したときに、絵カードや写真、あるいはおもちゃを使って、子どもに簡単なお話をする。たとえば「お父さんは、電車に乗って、会社に行きました。お昼にカレーを食べました」というようなお話である。また、学校での一日の生活を簡単に振り返るときにも応用することができる。

　また、プリント学習として応用することもできる。子どもには、「何をしましたか？」「どこに行きましたか？」「何を食べましたか？」などの質問が書かれたプリントを配り、教師が簡単なお話をして、回答を記入するという形の学習も可能である。

算数の文章題を解く

　算数の文章題を解くことは、発達障がいのある子どもたちにとって困難な課題のひとつである。つまずきの多くは、文章中の数字を単純

に足したり引いたりすることである。指導プログラムのなかには、足し算、引き算に対応するキーワード（たとえば「増える」や「食べる」）を文章中に発見させ（マーカーなどで強調し）、その後キーワードを数式に置き換えさせる手続きを試みているものもあるが、うまくいかないことが多い。

たとえば、「ミカンが5こあります。3こあげました。のこりはいくつでしょう」という問題では、「5」「3」「あげる」という単語から「5-3=」という式をつくることができる。しかし、「ミカンを3こあげました。さいしょに5こありました。のこりはいくつでしょう」という文章題になると、「3-5=」という式をつくってしまうことが多い。

また、キーワードから式をつくらせる方法では、次のような問題の場合に正しく式をつくることができなくなる。「はじめにいくつかありました。3こあげました。のこりは2こでした」という問題では、「あげる」というキーワードがあるにもかかわらず、「3+2=」という加算の式をつくることが求められる。このような点が課題を難しくしていると言える。

これまで算数の文章題を扱った研究は、文章題を解くために必要な先駆行動（a precurrent behavior）について報告している。

東原・前川（1997）や東原ほか（1996）は、算数の文章題に困難を示す児童を対象にしてCAI（Computer-assigned Instruction：コンピューター支援教育）を用いた指導方法を提案している。文章題の解決には、問題を読んで意味を解釈すること（変換過程（translation process））と文と文を関連づけること（統合過程（integration process））が必要である。算数の文章題は、増減の問題、合併の問題、比較の問題にタイプ分けされ、さらに未知数の位置によって難易度が異なる。増減の問題は「増える」「減る」、合併の問題は「あわせる」「ぜんぶ」、比較の問題は「より多い」「より少ない」というキーワードに代表される。

たとえば、「3 増える 2」という問題は、増えるという言葉を「＋」という操作に変換するだけで「3+2」という式が得られる。しかし、「3 にいくつかを増やすと 5 になる」という問題を解くためには、意味の変換だけでは不十分で、結果の数ではなく変化した数が問われているため、文の関連性を理解することが求められている。

　東原・前川（1997）や東原ほか（1996）は、CAI を使って変換過程と統合過程を学習するための教材を作成している。変換過程の学習では、「買う」「食べる」「来る」「帰る」などの単語を含んだ文を用いて、「増えた」「減った」のいずれかを選択する課題を行っている。次に、絵に描かれた教材を使って、事物が「どこからどこへ動くかな？」という質問が音声提示され（コンピューター上で）、子どもが物の移動する始点と終点を正しくクリックすると正解音が提示される。さらに、学習者の持っていた物が「増えたのか減ったのか」という問いに対して、「増えた」「減った」を選択させている。

　このように、算数の文章題の学習では、キーワードの変換だけではなく、物がどこからどこに移動し、学習者の物が「増えた」のか「減った」のかという判断の学習が求められる。

　Neef et al.（2003）も同様に算数の文章題には、問題を読み、(1) 足すか引くかを判断する、(2) 初めの数を見つける、(3) 変化した数を見つける、(4) 結果の数はどれかを見つける、という 4 つの先駆行動を形成する手続きがあることを報告している。彼らは、文章問題から形成される計算式を 6 つのパターンに分けている。「A+B=?」「A-B=?」「A+?=C」「A-?=C」「?+B=C」「?-B=C」の 6 つである。それぞれのパターンに対応する問題として「最初に A 個持っています。B 個もらいました。いくつになりましたか？」（A+B=?）、「いくつになりますか？　A 個持っています。B 個もらいました」（?=A+B）のように、対応する数の順番が異なる問題をつくっている。

そして、4つの先駆行動をそれぞれ指導し、指導されていない新しい問題に対しても正しく解答ができるようになったことを報告している。掛け算と割り算の文章題の指導では、(1) 求める数を考える、(2) 掛け算か割り算かを判断する、(3) 大きい数はどちらかを見つける、(4) 小さい数はどちらかを見つける、という4つの先駆行動を形成することで、未知の文章題を正しく解けるようになることが報告されている（Levingston & Neef, 2009）。

　ここでは、次のような問題を例に挙げて、算数の文章題の指導手続きを考えてみる。

　「太郎君はみかんを5つ持っていました。2個食べました。残りはいくつでしょう？」

　この問題では、次のような先駆行動が求められる。

(1)「最初の数は？」という質問に対して、5と答えたり、5つのブロックを置いたりすることができるようになること。
(2)「変化した数は？」に対して2と答えること。
(3)「増えたのかな？　減ったのかな？」に対して「減る」と答えられること。あるいは5つのブロックから2個減らすという操作ができること。
(4)「最後はいくつになった？」という問いに、「3」と答えられること。

　この操作を、東原ほか（1996）が行っているようにCAIを用いた教材やブロックやおはじきなどを使うことでより具体的に指導することができる。

これらの4つの先駆行動は、どの順番で教えられても正しい答えを見つけることにつながっていくことが、Levingston & Neef（2009）やNeef et al.（2003）の研究で示されている。

結論

　本章では、言語に関連するいくつかの認知スキルの具体的な指導プログラムを取り上げた。とくに、単純な試行錯誤の繰り返しによる指導プログラムではなく、より細かくスモールステップ化したプログラムを紹介した。
　行動分析学の利点は複雑な行動を課題分析し、スモールステップ化していくことにある。スモールステップ化にはいろいろな手順が可能で、特定の手順だけが目標としている行動の形成に寄与するわけではない。むしろ、子ども一人一人の特性に合わせてオーダーメイドされたスモールステップをつくることが必要である。あるプログラムでうまくいかない場合、スモールステップ化をやり直し、新たなプログラムを作成する柔軟性が訓練者に求められる。
　Moyer & Dardig（1978）は、課題分析の最初のステップは、課題を学習するために必要な先駆行動を考えることであると述べている。ある課題を学習するためには、事前にどのようなスキルが必要かを考えることが重要である。文字を書くためには鉛筆を持つというスキルが事前に必要であり、文章題を解くには文章を読むスキルや計算をするスキルが事前に必要である。
　課題分析によってスモールステップ化された行動は、次に一連の行動となるように連鎖化される［▶コラム24参照］。たとえば、ある行動

が5つのスモールステップに分けられた場合を考えてみよう。それぞれの行動はすでに遂行可能な行動である。1番目の行動を遂行する手がかりが提示されたとき、1番目の行動の完了が2番目の行動の手がかりとなり、2番目の行動が自発する。そして2番目の行動の完了は、3番目の行動が出現する手がかりとなっていく。このように、最終的な強化に出会うまで、行動は続いていく。

単独で遂行可能な行動を一連の行動へと連鎖化するために、順行性のチェイニングや逆行性のチェイニング、トータルタスク法などの技法が用いられる（Alberto & Toutman, 2004［第9章参照］）。

算数の文章題を解くなどの問題解決行動は、必ずしも行動の連鎖によってつくられるものではない。算数の文章題の例で見てきたように、正しい答えを導き出すには、4つの先駆行動が必要であった。それらの先駆行動は特定の順番で連鎖化される必要はなかった。そして順不同であっても4つの先駆行動が習得されると、未知の問題に対しても正しい答えを導き出すことができるようになった。先駆行動の習得は、正しい答えを導き出すという行動が強化される確率を増大させる。正しい答えを導き出す行動が強化されると、先駆行動も強化される。このような随伴性は"a precurrent contingency"と呼ばれる（Polson et al., 1997）。

これらの考察からわかるように、認知的行動の多くはいくつかの先駆行動の組み合わせで形成されていくのだろう。国語の文章題を解くという行動も、文章を読む行動や内容を理解する行動（この行動もいくつかの先駆行動の組み合わせから成り立っている）、質問を理解する行動など、多数の先駆行動の出現によって強化子に到達する。

文章題に正解する行動（current behavior）は、「○を付けられる」や「正解」と褒められることなどによって直接の強化を受ける。先駆行動が十分に形成されていない場合でも文章題に正解することがある（特に

選択問題のような場合)ので、正解を強化することで正反応が増大していくと想定されるかもしれない。しかし、正解を反復的に強化しても一向に正反応が増大していかない場合、先駆行動が十分に形成されていないことが考えられる。LovaasやMauriceの指導プログラムを用いて指導し、何度強化しても正反応の増加が見られないことがあるのは、先駆行動の形成が不十分なためだと考えられる。

　SSTプログラムについても同様のことが考えられる。ソーシャルスキルにもいくつかの先駆行動があるのだろう。それらの先駆行動の十分な習得なしに、current behaviorの強化を反復しても、ソーシャルスキルは増大していかない。

　認知的行動や社会的行動は、いくつかの先駆行動の組み合わせで成立していると考えられる。それらの先駆行動の解明と形成プログラムの開発が、今後の発達障がい児の指導に大きく寄与すると考えられる。

コラム19 強化子の提示方法・探し方

子どもによって、強化子（行動を増大させる刺激）は違います。また、時間帯や子どもの体調、子どもの嗜好の変化によって、強化子の効き目は変化します。そして、たった1時間のトレーニングのなかでも子どもの強化子は変化します。子どもの強化子の「旬」をとらえることはとても大事です。強化子を探すことは、トレーニングを開始する前であっても最中であっても、継続的に必要なことです。強化子探しのときには、トレーナー自身がいろいろなものを試すこと、子どもを観察することが重要です。また実際に、親御さんに好きなものや喜ぶものを訊ねてみることは効率的な方法です。

[yayoi]

コラム20 課題分析

目標やゴール地点が定められていても、たどりつくための道順が子どもによって異なることは多々あります。そのときには、その子どもに応じた対応が必要になります。たとえば「靴を履くことができる」という目標を立てて子どもを教えるときには「靴を履く」という1つの行動に見えるものを、より細かなステップに分けて教えることが必要な場合もあります。たとえば、(1) 座る、(2) 片方の靴のかかとに手を置く、(3) 靴を引っ張って履く、(4) もう片方の靴のかかとに手を置く、(5) もう片方の靴を引っ張って履く、のように分けます。このように1つに見える行動を細かなステップに分けることを課題分析といいます。課題分析をすることで、子どもがどのステップができていないかがはっきりします。

[yayoi]

コラム21 プロンプトを使う

Sd を出して子どもが Sd に注目できているのだけれど、子どもが適切に行動できないときにはヒントを使います。そのヒントのことを「プロンプト」といいます。プロンプトには4種類あります。自分がどのプロンプトを使っているか、どのタイミングで使用しているかを把握することはとても大事なことです。

1. 言語的プロンプト＿言葉でヒントを出すこと。言語的プロンプトのことを言葉がけ、声かけ、聴覚的プロンプトという場合もあります。
2. 視覚的プロンプト＿絵、写真、文字、数字、記号、指さしでヒントを出すこと。
3. モデリング＿訓練者が子どもにしてほしいことをしてみせること。
4. 身体的援助＿マニュアルガイダンス、身体的誘導ともいいます。手取り足取り教えること。訓練者が子どもの身体に触れて、やり遂げさせること。

[yayoi]

コラム22 プロンプト・フェイディング

プロンプトを受けて子どもができたとしても、それは目標として設定されたことができるようになったとは言えません。最後には、このプロンプトをなくしていく必要があります。このプロンプトを段階的に取り除いていくことをプロンプトの「フェイディング」といいます。プロンプト・フェイディングが早すぎると、子どもは間違った行動をし、強化されない（やってもやっても褒められない）状況に陥ってしまいます。プロンプト・フェイディングが遅すぎると、プロンプトに頼りきってしまいます（プロンプト依存）。プロンプト・フェイディングには段階があります。プロンプトを段階的に計画的に使用することで、子どもが行動を獲得しやすくなります。

[yayoi]

コラム23 モンテッソーリ教材

モンテッソーリ教材にはたくさんの種類があります。Googleで検索すると取り扱っているショップがたくさん検索できます。モンテッソーリ教材には、さまざまな感覚を使った教材があります。たとえば、小さいものから順番に円柱を指していく「円柱さし」、大きなものから順番に積み上げていく「積み木」、いろいろな形をタンスに片づけていく教材などです。また、数概念を直感的に学習する算数教材もたくさんあります。

第6章
言語指導の戦略と戦術

言語指導と家族の願い

　早期の言語指導は、個々の子どもの指導戦略に則って展開される必要がある。最終的な目標は、障がいのある子どもの機能的な言語行動の獲得とそれによって家族の一人一人とその子どもとのかかわりが拡大していくことである。われわれ支援者の願いは障がいのある子どもをもつ家族の家族としての行動が拡大していくようになることである。家族そろって外食をすること、旅行に行くこと、レジャーを楽しむことなど、家族としての行動は機能的な言語行動の獲得ができなければ制限されてしまうものではない。上手に話せないからといって、外食や旅行ができないわけではない。しかし、子どもが食べたいもの、行きたい場所、したいことを伝えることができれば、外食や旅行はいっそう楽しいものとなるだろう。

　子どもの指導に当たる支援者は、保護者と継続的に話し合いながら、保護者の求める家族の姿を実現していく必要がある。保護者の描く家族像は、家族の置かれている状態によって変化している。保護者が病気をしたり、きょうだいが受験の時期になったり、転居や転校をしたりすると、家族の置かれる状況は変化し、保護者の求める家族の姿は変化していくだろう。

　支援の戦略は、障がいのある子どもとその家族の幸福を具体化していくために、どのようなルートをたどって支援を進めていくかを描くルートマップである。

家族の状況	
リソース	家庭での協力者（きょうだい、親戚、祖父母など）／福祉サービスの利用（デイサービス、ガイドヘルプ、ショートステイなど）／学校、幼稚園、保育園の状況／経済的状況
主な療育者	ABA の知識
	ABA の技術
	メンタルヘルスの状況
子どもの状況	
スキル	すでに獲得しているスキル／まだ獲得していないスキル
課題となる困った行動	自己刺激行動／限局された興味・関心／攻撃的な行動／パニック
強化子	社会的な強化子／物質的な強化子／トークン
その他	薬物の服用状況／けいれん発作の既往／その他の医療的配慮

表 6.1 支援計画の立案に求められる情報

情報の収集

　支援戦略を立案するための第一歩は、家庭の状況と子どもの状況に関する情報を得ることである。表 6.1 はその情報を整理したものである。指導を開始するにあたり、利用可能なリソースについての情報を集める。家庭での療育に協力してくれる家族は誰なのか？　どんな協力が期待できるのか？　デイサービスやショートステイなどの福祉資源をどの程度利用しているのか？　学校や幼稚園、保育園はどのような協力が可能なのか？　そして、家庭の経済的な状況も重要な情報である。なぜなら、有料の療育サービスやコンサルティングサービスが利用可能かどうかは、ABA の専門家の少ない日本の現状において、重要な点となるからである。

家族	福祉サービス利用の促進
	学校や幼稚園・保育園へのアプローチの必要性
	ABAの知識と技術の指導プログラム導入の必要性
	保護者へのメンタルヘルス支援プログラムの必要性
子ども	どの領域から支援を始めるのか
	どのスキルの獲得から始めるのか
	優先するスキルはあるのか
	利用可能な強化子の種類
	DTT、フリーオペラント法、PRTの比率
	主な療育場面

表 6.2　意思決定リスト

　主な家庭での療育者がどの程度のABAの知識と技術をもっているのか、主な療育者がメンタルヘルス上の問題を抱えていないかは、支援を進めていくうえで重要な点となる。

　子どもの状況に関する情報は、現在すでに獲得しているスキルとまだ獲得していないスキルを整理することである。自己刺激行動やパニックなどの課題となる困った行動（challenging behavior）、日常生活での機能的な行動、利用可能な強化子などの情報を整理していく。

　子どもが言語に関する領域にだけ課題を抱えていることはまれで、たいていの場合は日常生活スキルの問題や行動上の問題、運動機能の問題を併せもっている。そのため、どの領域に指導の重点を置くかを考慮する必要がある。理学療法や作業療法の必要がある場合や、医学的なケアの必要がある場合には、理学療法士・作業療法士や医師との連携の必要が出てくる。

　それらの情報を整理したのちに、支援者は表6.2に示したような事柄について意思決定をしていく。福祉的なサービスの利用を促すこと、

学校や幼稚園、保育園へのアプローチ、保護者へのABAの知識と技術の指導プログラム、メンタルヘルスのサポートプログラムの必要性などについて検討する。さらに、子どもの指導プログラムの順序（どの領域の、どのスキルから始めるのか）、指導プログラムの方法（DTTを中心にするのか、フリーオペラント法あるいはPRTを中心にするのか）、指導プログラムの実施場所（家庭療育を中心に置くのか、クリニックでの指導、あるいは学校や園での指導を中心に置くのか）などについて、意思決定をしていく。

多領域の専門家との連携

　発達障がいのある子どもの指導では、多くの場合に福祉、教育、医療などの他領域の専門家との連携が必要である。指導戦略は、他領域との専門家との連携を考慮して作成されるべきであるが、すべての情報を整理し、意思決定をしていくことは一人の専門家の能力を超えている。他領域の専門家が情報を共有し、支援戦略を立案するシステムが早急に望まれている。

　ニューヨーク州では、子どもに障がいのある可能性が見込まれた段階から、支援をコーディネートするコーディネーターが任命され、支援チームがつくられる（http://www.health.state.ny.us/community/infants_children/early_intervention/）。支援チームは一貫して子どもとその家族の支援に当たるが、日本ではそのような一貫した支援チームはつくられていない。

　平成19（2007）年より特別支援教育が開始され、障がいのある子どもすべてに個別の教育支援計画の作成が義務づけられた。個別の教

育支援計画は教育場面での支援計画であるので、福祉や医療を含めた個別の支援計画の策定が望まれている。指導戦略を記述した文書として個別の支援計画は、幼稚園、小・中学校、高校、大学、就労へと引き継がれていくことが重要である。

行動的アセスメント

　支援戦略が立案されれば、直接指導を実施するための戦術を決めていく。ABAの指導を開始するに際して行われる行動的アセスメントが戦術を決める方法となる。

　行動的アセスメントは従来の伝統的アセスメントと多くの点で異なっている（Barrios, 1988；Sturmey, 1996）。従来の伝統的なアセスメントは、診断や分類、疫学的な要因の発見、予後の予測を目的としてきた。一方、行動的アセスメントの目的は、標的行動の明確化、その行動を維持している環境条件の特定、適切な介入方法の選択、介入効果の評価、介入の方法の修正を支援することにある（Barrios, 1988）。

　たとえば、3歳の言葉の話せない子どもを例に挙げてみよう。その子どものさまざまな行動特徴が行動観察や保護者へのインタビューによって明確にされる。これまでの発育経過や出生時の状況などの情報も収集されるようになる。伝統的アセスメントでは、それらの情報にもとづいて、その子どもが知的な発達の遅れを伴う自閉症であると分類されるかもしれない。また、数年後の状況について予測が立てられるだろう（自閉的特徴が重度で、現在の発達指数が50程度だというような理由にもとづいて）。一方、行動的アセスメントでは、発声頻度、発声頻度が増大する環境、要求行動の形態と頻度、見知らぬ人が

戦略目標	戦術目標	方法
福祉的なサポートの利用	診断的アセスメントにもとづく利用可能なサポートの明確化	診断的アセスメント／利用可能なサポートへのアクセスの促進
機能的なコミュニケーション行動の確立	発声頻度の増大	正の強化（くすぐりや身体接触）による発声頻度の増大
	ノンバーバルなコミュニケーション行動の増大	機会利用型指導によるノンバーバルなマンド、タクトの形成
	記号関係の学習	MTSによる記号関係の学習
困った行動への対処	困った行動の機能の明確化	機能分析
	機能分析にもとづく対処の実施	DRI、DRA、DROなど
ソーシャルスキルの形成	未学習のソーシャルスキルの明確化	行動観察、チェックリストの実施
	未学習のソーシャルスキルの形成	心理教育、モデリング、ロールプレイ

表 6.3　戦略目標と戦術目標

　接近したときの反応、自己刺激行動の頻度、自己刺激行動が増大（減少）する環境などについて、行動観察や保護者へのインタビューが行われる。第3章の表3.1に示したような先駆行動についても、行動観察とインタビューが行われ、標的行動が選ばれる。
　伝統的アセスメントと行動的アセスメントは目的の異なるアセスメントである。伝統的アセスメントは行動的介入を実施するにあたって、一義的に必要なアセスメントではない。伝統的アセスメントの結果にもとづいて（自閉症の重症度や知的な発達の程度など）、介入の目標や方法が決められるわけではない。ただし、福祉的なサービスを利用する際には、自閉症の重症度や知的な発達の程度は重要な情報となる。
　表6.3は戦略的な目標と戦術的な目標の関係を示している。たとえば、経済的な問題や家族を支える環境が乏しいため子どもの虐待に至るようなケースの場合、福祉的なサポートの利用が最優先されるだろう。そのためには診断的なアセスメントを実施し、デイサービスやショートステイなどの利用可能なサービスをリストアップし、利用を

促進していくことが必要である。また、機能的なコミュニケーション行動の確立が優先されると考えられる場合には、発声頻度を増大したり、ノンバーバルなコミュニケーション行動を形成したり、記号関係の学習が戦術的な目標となる。時には、攻撃行動や自傷行動などの困った行動（challenging behavior）の減少が優先されると判断される場合もあるだろう。その場合には、困った行動の機能分析を実施し、機能分析にもとづいた対処（たとえば、DRA手続きの実施）が必要になる。

戦術的な目標にもとづいて介入を実施したら、その介入の効果を実証的に振り返る。発声頻度の増加や命名できる事物の数、自傷行動の頻度の低下などによって、介入の効果を確認する。ただし、介入以外の要因によってデータが影響を受けることがある。たとえば、薬物の服用を開始したとか、担任の先生が変わった、あるいは風邪を引いたなどがそれに当たるが、計画された介入以外の影響を明らかにするため、データは継続的に（ongoing）収集されなければならない。これらのデータにもとづいて、効果の認められない介入は見直され、介入手続きの変更が行われる。

行動的な介入はプランを立て（Plan）、実行し（Do）、評価し（Check）、改善する（Act）プロセス（PDCA）を繰り返すことである。事実を客観的に観察し、仮説を立ててそれを検証し、データにもとづいて合理的に考えを進めていく思考をもつ実践家（The scientist practitioner）が求められている（丹野 2001）。The scientist practitioner はつねに新しい研究成果に敏感であり、同時に自身の介入を評価する評価者であり、研究成果を公表する研究者としての役割を担っている（Hayes et al., 1999）。

対人援助の視点——援助、援護、治療・教授

　望月（2007）は、対人援助者の行う行動を援助、援護、治療・教授、という3つの視点から整理している。

　治療・教授は、本書で扱ってきたような、まだ学習できていないスキルを教える支援者の行為である。まだ学習できていないスキルを学習するには多くの時間が必要である。それまでの間、子どもは機能的な行動ができないとすれば、子どもの生活も家族の生活も多くの困難に直面することになる。「話せないからコミュニケーションができない」「歩けないから移動ができない」「お金の計算ができないから買い物ができない」という考えから、「話せなくてもコミュニケーションができる」「歩けなくても移動ができる」「お金の計算ができなくても買い物ができる」という方法を考えていく必要がある。

　治療・教授は将来の機能的な行動を支援する行為であるが、「今そこにある」子どもと家族の状況のなかで、機能的な行動の成立を目指していく支援も必要である。それが、援助、援護と呼ばれる支援者の行為である。

　援助（assist）とは、これまでなかった新しい物理的・人的な環境設定を導入することで、子どもの行動を機能的に成立させる援助者の行為である。たとえば、音声でのコミュニケーションが困難な子どもにAACと呼ばれる機器を導入することで、機能的なコミュニケーションが成立する場合である。活動を終えたことを教師に報告するときに、教師の注意を喚起するために携帯電話のアラームを使ったり、次の学習や活動を明示する順番カードを使ったり、おしゃれブックを使って身だしなみを整えたりするなどの工夫ができる（富山大学教育学部付

属養護学校 2001）。このような援助設定は、新しいスキルの獲得を待たなくても「今すぐに」機能的な行動の成立を保証することができる。

　援護とは、行動の成立のために社会（環境）に対して行う要請作業である。コミュニケーション行動は、これまで述べてきたように、話し手と聞き手の相互関係である。拙い話し手であっても、上手な聞き手がいればコミュニケーションは成立する。拙いソーシャルスキルしかもっていなくても、上手な受け手がいれば対人関係はうまくいくだろう。コミュニケーション行動の受け手や社会的関係の受け手に、上手な受け手になってもらうように要請していく作業が援護である。コミュニケーション行動もソーシャルスキルも受け手の対応によって成立する行動である。受け手側の行動変容なしには、行動の維持は困難になるだろう。SST は、障がいのある子どものスキルの形成に焦点を当てるだけではなく、子どもを取り巻く他の子どもたちの行動にも焦点を当てていく必要がある。障がいのある子どもの在籍するクラスでは、クラスの子どもたちが上手な受け手になるようなクラス運営について考えていかなければならない。

　望月（2007）は、援助、援護、治療・教授の 3 つが独立して進展するのではなく、連環的に進められるべきだと主張している。音声模倣の学習を進めているときにも、絵カードや動作、AAC による機能的コミュニケーションを目指したり、表情や雰囲気などを察知したりできるように家族に要請をしていく。単語が話せるようになれば、不明瞭な発音や表現できない文脈を明確にするために絵カードや文字を補充的に使ったり、機会利用型指導を実施したりすることを家族や教師、他の子どもたちに要請していく。

　絵カードを見てその名称を言うことができるようになった子どもに日常的に話す機会を設定することは、機能的なコミュニケーション行動の確立にとって重要である。たとえば、幼稚園や学校で遊んでいる

ときに、教師や他の子どもたちが障がいのある子どもに「何がしたい？」と尋ねながら絵カードを提示する機会をつくるように要請をしたり（援護）、コミュニケーションボードをクラス内に設置したりする（援助）。

　発達障がいのある子どもの支援に当たる専門家は、子どもとその家族の支援に関して、「今ここにない」将来の目標に向かって戦略的な視点をもち、「今そこにある」環境のなかで機能的な行動の成立を支援していくのである。

コラム24 行動連鎖

一つひとつのステップを指示すればできるけれど、次の行動に自分からは移れないときには、行動連鎖が成立していないと考えます。右の靴を履いたことは結果（C）であると同時に左の靴を履くための弁別刺激（A）となります。このように１つの行動の結果が次の行動の弁別刺激となって行動が生起することを、行動連鎖が成立するといいます。行動連鎖を形成するためには、いくつかの手続きがあります。

- フォワード・チェイニング（順行性行動連鎖／順行連鎖化）　最初のステップだけを自分でさせ（できない場合はプロンプトを使う）、残りはすべて訓練者が行い、最初のステップができるようになったら、次のステップを教え、残りはすべて訓練者が行うことです。できるようになったら１つずつステップを増やします。
- バックワード・チェイニング（逆行性行動連鎖／逆行連鎖化）　最終ステップの１つ前までを訓練者が行い、最終のステップだけを自分でさせます（できない場合はプロンプトを使います）。最終ステップができるようになったら、最終ステップの前のステップまで訓練者が行い、残りを自分でさせます。できるようになったら、１つずつステップを増やします。
- トータルクスク（全課題指導法）　すべてのステップを一度に、必要最小限のプロンプトを使いながら教えること。最初のステップを教えるとき、最も軽いプロンプト（たとえば、待つというプロンプト）を使い、適切な行動の自発が見られないときには、声かけという聴覚的プロンプトを使います。それでも行動が自発しないときには、身体的プロンプトを用います。次のステップでも同じように、軽いプロンプトから適切な行動の自発を待ちながらプロンプトの質を変化させていきます。

[yayoi]

コラム 2 問題──解答例

友達の行動を褒める。
友達におもちゃを渡す。
友達に話しかける。

コラム 4 問題──解答例

山田さんが歩いています ➡ O
鈴木さんは車の運転をしています ➡ O
山田さんは前から来るベビーカーをよけようと車道に出ました ➡ O
それを見て、鈴木さんはクラクションを鳴らしました ➡ O
山田さんはクラクションの音でびっくりして心臓がどきどきしました ➡ R

(O =オペラント行動／R =レスポンデント行動)

コラム 5 問題──解答例

UCS　　犬にかまれたこと
UCR　　心臓がどきどきして冷や汗が出たこと
CS　　　公園
CR　　　心臓がどきどきして冷や汗が出たこと

コラム 9 問題——解答例

A 犬にほえられる
B 泣く
C 犬がいなくなる

コラム 10 問題——解答例

1. 消去
2. 正の強化
3. 負の強化
4. 罰

コラム 11 問題——解答例

一時的な行動の増大と攻撃行動の出現

文献

Alberto, P.A. & Troutman, A.C., 1994, *Applied Behavior Analysis for Teachers. Fifth Edition.* Prentice-Hall, Inc. （佐久間徹・谷 晋二・大野裕史［訳］2004『はじめての応用行動分析——日本語版第2版』二瓶社）

有川宏幸 2009「米国における早期高密度行動介入に関する研究動向」『特殊教育学研究』47 ; 265-275.

Bach, P.A. & Moran, D.J., 2008, *ACT in Practice : Case Conceptualization in Acceptance and Commitment Therapy.* New Harbinger Publications. （武藤 崇・吉岡昌子・石川健介・熊野宏昭［監訳］2009『ACTを実践する——機能的なケース・フォーミュレーションにもとづく臨床行動分析的アプローチ』星和書店）

Baer, D.M., Peterson, R.F. & Sherman, J.A., 1967, The development of imitation by reinforcing behavioral similarity to a model. *Journal of the Experimental Analysis of Behavior*, 10 ; 405-416.

Baker-Ericzén, M.J., Stahmer, A.C. & Burns, A., 2007, Child demographics associated with outcomes in a community-based pivotal response training program. *Journal of Positive Behavior Interventions*, 9 ; 52-60.

Barrios, B., 1988, On the changing nature of behavioral assessment. In : A.S. Bellack & M. Hersen (Ed.) *Behavioral assessment.* Pergamon, pp.3-41.

Barry, T.D., Klinger, L.G., Lee, J.M., Palardy, N., Gilmore, T. & Boodin, S.D., 2003, Examining the effectiveness of an outpatient clinic-based social skills group for high-functioning children with autism. *Journal of Autism and Developmental Disorders*, 33 ; 685-701.

Bates, E., Camaioni, L. & Volterra, V., 1975, The acquisition of performatives prior to speech. *Merrill-Palmer Quartely*, 21 ; 205-226.

Blackledge, J.T. & Hayes, S,C., 2006, Using acceptance and commitment training in the support of

parents of children diagnosed with autism. *Child & Family Behavior Therapy*, 28-1 ; 1-18.
Bruner, J.S., 1975, The ontogenesis of speech acts. *Journal of Child Language*, 2 ; 1-19.
Charlop, M.H., Shreibman, L. & Thibodeau, M.G., 1985, Increasing spontaneous verbal responding in autistic children using a time delay procedure. *Journal of Applied Behavior Abalysis*, 18 ; 155-166.
Carr, E., Newson, C. & Binkoff, J., 1980, Escape as a factor in the aggressive behavior of two retarded children. *Journal of Applied Behavior Analysis*, 13 ; 101-117.
Ferster, C.B., 1961, Positive reinforcement and behavioral deficits of autistic children. *Child Development*, 32 ; 437-456.
Finke, A.S. & Williams, R.L., 2001, A comparison of textual and echoic Promtts on the acquisition of intraverbal behavior in a six-year-old boy with autism. *The Analysis of Verbal Behavior*, 18 ; 61-70.
伏見貴夫 1997「コミュニケーション行動の機能的分析」小林重雄［監修］山本純一・加藤哲文［編］『応用行動分析学入門』学苑社 pp.40-60
Green, G., 1996, Early behavioral intervention for autism : What does research tell us? In : C. Maurice（Ed.）*Behavioral Intervention for Young Children with Autism.* Pro-ed, pp.29-44.
Hall, A.G. & Chase, P.N., 1991, The relationshiip between stimulus equivalence and verbal behavior. *The Analysis of Verbal Behavior*, 9 ; 107-119.
Hart, B. & Risley, T.R., 1975, Incidental teaching of language in preshool. *Journal of Applied Behavior Analysis*, 8 ; 411-420.
Hayes, S.C., 1994, Relational Frame Theory : A functional approach to verbal events. In : S.C. Hayes., L.J. Hayes, M. Sato & K. Ono（Ed.）*Behavior Analysis of Language and Cognition.* Context Press, pp.9-30.
Hayes, S.C., Barlow, D.H. & Nelson-Gray, R.O., 1999, The scientist practitioner. In : S.B-G. Hayes, *The Scientist Practitioner.* Allyn and Bacon, pp.1-28.
Hayes, S.C., Barnes-Holmes, D. & Roche, B., 2001, *Relational Frame Theory : A post-Skinnerian Account of Human Language and Cognition.* Kluwer Academic/Plenum Publishers.
Heweet, F., 1965, Teaching speech to an autistic child through operant conditioning. *American Journal of Orthopsychiat*, 35 ; 927-936.
東原文子・前川久男 1997「算数文章題 CAI 教材パッケージの開発と学習困難児の指導への利用」『心身障害学研究』21 ; 37-48.

東原文子・前川久男・北村博幸・久光 倫 1996「量の増減の表彰を目的とした文理解指導——算数文章題に困難を示す児童を対象として」『心身障害学研究』20；45-55.

平野信喜・高木俊一郎 1979「自閉症児のオペラント条件付けの適用（Ⅳ）——言語学習による食事性、言語性および身体接触強化子の効果の検討」『行動療法研究』4；2-13.

平澤紀子・藤原義博 1997「問題行動を減らすための機能的コミュニケーション訓練」山本淳一・加藤哲文『応用行動分析学入門』学苑社 pp.210-220.

Horne, P.J. & Lowe, C.F., 1996, On the origins of naming and other symbolic behavior. *Journal of Experimental Analysis of Behavior,* 65；185-241.

Iwata, B., Dorsey, M., Slifer, K., Bauman, K. & Richman, G., 1982, Toward a functional analysys of self-injury. *Analysis and Intervention in Developmental Disabilities,* 2；3-20.

Jacobson, J.W., Mulick, J.A. & Green, G., 1998, Cost-benefit estimates for early intensive behavioral intervention for young children with autism：General models and single state case. *Behavioral Interventions,* 13；201-226.

Jocelyn, L.J., Casiro, O.G., Beattie, D., Bow, J. & Kneisz, J., 1998, Treatment of children with autism：A randomized controlled trial to evaluate a caregiver-based intervention program in community day-care centers. *Developmental and behavioral Pediatrics,* 19；326-334.

Kanner, L., 1943, Autistic disturbances of affective contact. *Nervous Child,* 2；217-250.

Kasari, C., 2002, Assessing change in early intervention programs for children with autism. *Journal of Autism and Developmental Disorders,* 32；447-461.

河合悦子・谷 晋二 2011「発達障がいの子どもを持ち、育児に悩みや苦悩を持っている親を対象にした ACT の効果検証」（大阪人間科学大学修士論文）

Kazdin, A.E. & Bootzin, R.R., 1972, The token economy：An evaluative review. *Journal of Applied Behavior Analysis,* 5；343-372.

木下奈緒子・山本哲也・嶋田洋徳 2008「日本語版 Acceptance and Action Questionnaire-II 作成の試み」『日本健康心理学会第 21 回大会発表論文集』46.

小林重雄 1973「自閉症児の診断に関する行動療法的考察」『山形大學紀要・教育科學』5；345-362.

小林重雄・杉山雅彦 1984『自閉症児の言葉の指導』日本文化科学社

Koegel, L.K. & Koegel, R.L., 1995, *Teaching Children with Autism.* P.H. Brookes Pub. Co.（氏森英亞・清水直治［訳］2002『自閉症児の発達と教育』二瓶社）

Koegel, L.K. & Koegel, R.L., 2006, *Pivotal Response Treatments for Autism.* Paul H. Brookes.（氏森英亞・小笠原恵［訳］2009『機軸行動発達支援法』二瓶社）

Koegel, L.K., Koegel, R.L., Harrower, J.K. & Carter, C.M., 1999, Pivotal response intervention Ⅰ: Overview of approach. *The Journal of the Association for Persons with Severe Handicaps*, 24 ; 174-185.

Koegel, R. & Rincover, A., 1977, Research on the difference between generalization and maintenance in extra-therapy responding. *Journal of Applied Behavior Analysis*, 10 ; 1-12.

久野能弘・桑田 繁 1988「フリー・オペラント技法による自閉症児の言語形成（その2）」上野一郎・上野一郎［編］『心身障害児の行動療育』同朋社 pp.94-129.

Levingston, H.B. and Neef, N.A., 2009, The effects of teaching precurrent behaviors on children's solution of multiplication and division word problems. *Journal of Applied Behavior Analysis*, 42 ; 361-367.

Lipkens, R., Hayes, S.C. & Hayes, L.J., 1993, Longitudinal study of the development of derived relations in an infant. *Journal of Experimental Child Psychology*, 56 ; 201-239.

Lovaas, O.I., 1987, Behavioral treatment and normal educational and intellectually functioning in young autistic children. *Journal of Consulting & Clinical Psychology*, 55 ; 3-9.

Lovaas, O.I., 2003, *Teaching Individuals with Developmental Delays-Basic Intervention Techniques.* Pro-ed.

Lovaas, O.I., Berberich, J.P., Perloff, B.F. & Schaeffe, B., 1966, Acquisition of imitative speech by schizophrenic children. *Science*, 11 ; 705-707.

Lovaas, O.I., Koegel, R., Simmons, J.Q., Long, J.S., 1973, Some generalization and follow-up measures on autistic shildren in behavior therapy. *Journal of Applied Behavior Analysis*, 6 ; 131-166.

Lovaas, O.I., Schreibman, L., Koegel, R. & Rehm, R., 1971, Selective responding by autistic children to multiple sensory input. *Journal of Abnormal Psychology*, 77 ; 211-222.

Lovaas, O.L., & Smith, T., 1996, Intensive behavioral treatment for young sutistic children. In : C. Maurice & C. Maurice（Ed）*Behavioral Intervention for Young Children with Autism.* Pro-ed, pp.241-248.

Luciano, C., Becerra, G,B. & Valverde, M,R., 2007, The role of multiple-exemplar training and naming in establishing derived equivalence in an infant. *Journal of the Experimental Analysis of Behavior*, 87 ; 349-365.

Luoma, J., Hayes, S., Walser, R., 2007, *Learning ACT : An Acceptance and Commitment Therapy Skills-Training Manual for Therapists*. New Harbinger Publications.（熊野宏昭・高橋 史・武藤 崇［訳］2009『ACTをまなぶ——セラピストのための機能的な臨床スキル・トレーニング・マニュアル』星和書店）

松本明生 2006「関係フレーム理論（基礎編2）——ルール支配行動」武藤 崇［編］『アクセプタンス＆コミットメント・セラピーの文脈』ブレーン出版 pp.53-70.

Maurice, C., 1994, Let Me Hear Your Voice. The Random House Publishing Group.（山村宣子［訳］1994『わが子よ、声を聞かせて——自閉症と闘った母と子』日本放送出版協会）

Maurice, C., 1996, *Behavioral Intervention for Young Children with Autism*. Pro-ed.

Michael, J., 1985, Two kind of verbal behavior plus a possible third. *The Analysis of Verbal Behavior*, 3 ; 2-5.

Miguel, C.F., Petursdottir, A.I. & Carr, J.E., 2005, The effects of Multiple-Tact and Receptive-Discrimination Training on the Acquisition o Intraverbal Behavior. *The Analysis of Verbal Behavior*, 21 ; 27-41.

Miller, D., Light, J.C. & Schlosser, R.W., 2006, The impact of augmentative and alternative communication intervention on the speech production of individuals with developmental disabilities : A literature review. *Journal of Speech, Language and Hearing Research*, 49 ; 248-264.

望月 昭 2007「対人援助の心理学とは」『対人援助の心理学』朝倉書店 pp.1-18.

Moyer, J.R. & Dardig, J.C., 1978, Practical task analysis fot educators. *Teaching Exceptional Children*, 11 ; 16-18.

武藤 崇 2006『アクセプタンス＆コミットメント・セラピーの文脈』ブレーン出版 .

Neef, N.A., Nelles, D.E., Iwata, B.A. & Page, T.J., 2003, Analysis of precurrent skills in solving mathematics story problems. *Journal of Applied Behavior Analysis*, 36 ; 21-33.

野村東助・中野良顕・片倉映子 1975「自閉症児の教育プログラムの開発1」『特殊教育研究施設報告』10 ; 1-42.

Okamoto, N., 1963, Verbalization process in infancy I : Transpositive use of sounds in development of symbolic activity. *Psychologia*, 5 ; 32-40.

小野浩一 2001「言語機能の高次化——ルール支配行動とオートクリティック」日本行動分析学会［編］『ことばと行動』ブレーン出版 pp.167-187.

小野浩一 2005『行動の基礎』培風館 .

大野裕史・杉山雅彦・谷 晋二・武蔵博文・中矢邦雄・園山茂樹・福井ふみ子 1985「いわゆる「フリーオペラント」法の定式化——行動形成法の再検討」『心身障害学研究』9 ; 91-103.

Partington, J.M. & Bailey, J.K.S., 1993, Teaching intraverbal behavior to preschool children. *The Analysis of Verbal Behavior*, 11 ; 9-18.

Polson, A.D., Grabavac, D.M. & Parsons, J.A., 1997, Intraverbal stimulus-response reversibility : Fluency, familiarity effects and implications for stimulus equivalence. *The Analysis of Verbal Behavior*, 14 ; 19-40.

Rao, P.A., Beidel, D.C. & Murray, M.J., 2008, Social skills interventions for children with Asperger's syndrome or High-Functioning autism : A review and recommendations. *Journal of Autism and Decelopmental Disorders*, 38 ; 353-361.

Rogers-Warren, A. & Warren, S.F., 1980, Mands for verbalization : Facilitating the display of new trained language in children. *Behavior Modification*, 4 ; 361-382.

佐久間徹 1978「自閉症児のオペラント療法における強化子の問題」『梅花女子大学文学部紀要』pp.17-25.

佐久間徹 1986「一番最初のアプローチ」『月刊実践障害児教育』154 ; 38-41

佐久間徹 1988「フリー・オペラント技法による自閉症児の言語形成(その1)」上里一郎『心身障害児の行動療育』同朋社 pp.62-93.

Sautter, R.A. & Leblane, L.A., 2006, Empirical Applications of Skinner's Analysis of Verbal Behavior with Humans. *The Analysis of Verbal Behavior*, 22 ; 35-48.

Schusterman, R.J. & Kastak, D., 1993, A California sea lion (zalophus californianus) is capable of forming equicalence relations. *The Psychological Record*, 43 ; 823-839.

Sheinkopf, S.J. & Siegel, B., 1998, Home based behavioral treatment of young autistic children. *Journal of Autism and Developmental Disorders*, 28 ; 15-24.

Sherer, M.R. & Shreibman, L., 2005, Individual behavioral profiles and predictors of treatment effectiveness for children with autism. *Journal of Counseling and Clinical Psychology*, 73 ; 525-538.

柴谷方良・影山太郎・田守育啓 1981『言語の構造——理論と分析』くろしお出版

島田 修・松永一郎・内田照彦・久野能弘 1971「重度精神発達遅滞児への行動療法の試み」『日本心理学会第35回大会発表論文集』pp.431-432.

Sidman, M., 1971, Reading and auditory-visual equivalences. *Journal of Speech and Hearing Research*,

14 ; 5-13.

Sidman, M., 1994, *Equivalence Relations and Behavior : A Research Story.* Authors Cooperative Inc. Publishers.

Sidman, M. & Tailby, W., 1982, Conditional discrimination vs. matching to sample : An expansion pf the testing paradigm. *Journal of The Experimental Analysis of Behavior*, 37 ; 5-22.

Skinner, B.F., 1957, *Verbal Behavior.* Prentice-Hall.

Skinner, B.F., 1986, *Upon Further Reflection.* Prentice Hall.（岩本隆茂・佐藤香・長野幸治［訳］1996『人間と社会の省察』勁草書房）

Sofronoff, K., Attwood, T. & Hinton, S., 2005, A randomized controlled trial of a CBT intervention for anxiety in children with Asperger syndrome. *The Journal of Child Psychology and Psychiatry*, 46 ; 1152-1160.

Stokes, T.F. & Baer, D.M., 1977, An implicit technology of generalization. *Journal of Applied Behavior Analysis*, 10 ; 349-367.

Sturmey, P., 1996, Functional Analysis in Clinical Psychology, John Wiley & Sons.（高山厳［監訳］2001『心理療法と行動分析——行動科学的面接の技法』金剛出版）.

Sundberg, M.L. & Partington, J.W., 1998, Teaching Begining Intraberbal Skills. In : M. Sundberg : *Teaching Language to Children with Autism or Other Developmental Disabilities.* Behavior Analysts, Inc., pp.38-42.

谷 晋二 1997「自閉的行動を持つ重度知的障害児の色概念の形成——音声刺激による選択と命名反応の形成」『特殊教育学研究』34 ; 39-46

谷 晋二 2000「発達障害幼児の言語指導——親の支援システムに向けて」『特殊教育学研究』37 ; 93-98.

谷 晋二 2001「発達障害幼児の言語指導——言語の理解、命名の獲得に向けて」日本行動分析学会・浅野俊夫・山本淳一［編］『ことばと行動——言語の基礎から臨床まで』ブレーン出版 pp.237-259.

谷 晋二 2004「自閉症のトレーニング効果——行動的介入の試みから」『発達障害研究』26-2 ; 92-99.

Tani, S., Iwasaki, N. & Takeshita, A., 2009, Intraverbal Training with an sutistic child. *Human Sciences*, 8 ; 1-7.

谷 晋二・増田恭子・酒井妙子 1994「年長自閉的発達障害児、障害者の音声模倣訓練

──構音活動の特徴から」『行動療法研究』34 ; 26-36
谷 晋二・大尾弥生 2011「ABA 基礎知識理解到達度テスト（TK-ABA）の作成と妥当性の検討」『行動療法研究』37 ; 171-182
Tani, S., Takeshita, A. & Iwasaki, N., 2010, *Emergence of Relational Frame in Children with Developmental Disability.* ACBS World Conference 8 Poster .
Taylor, B.A. & McDonough, K.A., 1996, Selecting Teaching Programs. In : C.G. Maurice, *Behavioral Intervention for Young Children with Autism.* Pro-ed, pp.63-177.
丹野義彦 2001『エビデンス臨床心理学』日本評論社
富山大学教育学部付属養護学校 2001『個性を生かす支援ツール──知的障害のバリアフリーへの挑戦』明治図書
逢郷さなえ・中塚善次郎・藤居真路 1987「障害児を持つ母親のストレス要因（I）──子どもの年齢、性別、障害種別要因の検討」『鳴門教育大学学校教育センター紀要』1 ; 39-47.
逢郷さなえ・中塚善次郎 1989「発達障害児を持つ母親のストレス要因（II）──社会的関係認知とストレス」『小児の精神と神経』29 ; 97-107.
武蔵博文・小林 真［編］2001『個性を生かす支援ツール』明治図書
梅津耕作 1974「自閉児の行動療法──精研式 CLAC-2 による比較発達考察」『精神医学研究所業績集』19 ; 75-116.
梅津耕作 1981『自閉児』有斐閣選書
Williams, G., Donley, C.R. & Keller, J.W., 2000, Teaching children with autism to ask questions about hidden objects. *Journal of Applied Behavior Analysis*, 33 ; 627-630.
Wolf, M., Risley, I. & Mees, H., 1964, Application of operant conditioning procedures to the behavior problem of an autistic child. *Behavior Research and Therapy*, 1 ; 305-312.
Wood, J.J., Drahota, A., Sze, K., Har, K,, Chiu, A. & Langer, D.A., 2009, Cognitive behavioral therapy for anxiety in children with autism spectrum disorders : A randomized, controlled trial. *The Journal of Child Psychology and Psychiatry*, 50, 224-234.

索引

● A

ABA［▶応用行動分析］
ABLLS［▶エイブルズ］
ACT［▶アクセプタンス&コミットメント・セラピー］
CARS（Childhood Autism Rating Scale）......026, 028, 029, 045, 114
CBT［▶認知行動療法］
Discrete Trial Training［▶DTT］
DRA［▶代替行動分化強化手続き］
DRI［▶対立行動分化強化手続き］
DTT（Discrete Trial Training）....013, 015, 020, 022, 023, 031, 032, 035, 036, 056, 185, 186
EIP［▶早期行動的介入］
Functional Analysis［▶機能分析］
IVT［▶イントラバーバル訓練］
KIDS乳幼児発達スケール 026
M-CHAT［▶乳幼児自閉症チェックリスト］
MTT（Multiple-Tact Training）............111, 112
PBS［▶包括的行動支援］
peer training..105
PRT［▶機軸行動発達支援法］

RDT（Receptive-Discrimination Training）...111, 112
scientist practitioner 189
SST［▶ソーシャルスキルトレーニング］

● あ

アクセプタンス&コミットメント・セラピー（ACT）...............064, 065, 067-069
アスペルガー障がい.......038-043, 059, 060, 064, 065
維持......016, 023, 053, 063, 079, 094, 105, 187, 191
　――の困難性................................016, 017
イントラバーバル........033, 048, 083, 085, 102, 103, 111-115, 117, 118, 120, 122-130, 145-150, 166
反転性の――..149
　――訓練（IV訓練／IVT）....111, 112, 117, 120, 121, 124-126
　――行動...143

エイブルズ（ABLLS）...............024, 032, 033
エコーイック...026, 048, 057, 081-084, 086, 090, 091, 096-102, 111, 112, 119, 128, 145, 147 ［▶音声模倣］
　──行動..056
　──反応..058
　──・レパートリー........................098, 100
絵本課題..166
援護...190-192
援助...190-192
応用行動分析（ABA）.....025, 030, 044, 077, 083, 105, 111, 115, 132, 184-187
オペラント行動...............021, 046, 072, 111
　［▶レスポンデント行動］
音声模倣.........015, 023, 026, 034, 056, 081, 084, 096, 098, 100, 102, 129, 147, 191
　［▶エコーイック］

● か

概念学習............................138, 139, 141, 150
回避行動............018, 033, 035, 083, 085, 086
確立操作....................................094, 169
課題分析........................036, 138, 174, 177
家庭療育.........020, 025, 026, 036, 037, 115, 125, 186
関係フレーム理論..........054, 058, 065, 066, 069, 105

機会利用型指導法..........017, 020, 021, 031
聞き手行動......056, 080, 081, 083, 090, 092, 095, 162 ［▶話し手行動］
機軸行動発達支援法（PRT）..........031-033, 035, 086, 185, 186
機能的コミュニケーション訓練..........023
機能的な文脈............................086, 102, 169
機能分析（Functional Analysis）........022, 023, 032, 188, 189
逆模倣..096, 097
強化子.......014, 015, 017-021, 023, 031, 048, 072, 073, 086, 131, 134, 175, 177, 184, 185
　一次性──..015
　社会性──..015, 018, 019
　習得性（二次性）──...014
　食餌性──..015
強化随伴性....................................063, 111
　──に対する感受性.....................063, 064
共通場面..061
共同注視............................056, 080, 081
共同治療者...036, 041
クラス概念..139, 143
嫌悪刺激....................................018, 072, 073
言語獲得..053, 056
言語共同体...038, 079
言語訓練..014, 015, 059
言語行動.........015, 017, 020-023, 033, 038, 048, 053, 054, 056, 063-066, 077-080, 083, 086, 094, 103, 111, 113, 129, 130

機能的な── 053, 075, 080, 183
自発的な── 053
報告── 085, 102
要求── 085, 094, 102
言語ルール 063-065
行動観察 033, 187, 188
行動的アセスメント ... 187, 188［▶伝統的アセスメント］
行動の原理 073
行動分析学 020, 022, 049, 065, 077, 079, 080, 094, 113, 143, 174
行動レパートリー 058, 069, 083
行動連鎖 193
行動論的介入 014, 015, 020, 026, 032, 036-038, 053
行動論的支援 013
コーチング 040
個別の教育支援計画 186
困った行動（challenging behavior） 022, 023, 040, 184, 185, 189

刺激等価性 054-057, 066, 125, 128-130
刺激の過剰選択性 082
刺激－反応関係 046, 047, 084, 128, 130, 147, 148
指示 132
私的出来事 039, 065, 066, 069, 070
指導戦略 ... 032, 086, 103, 129, 183, 186, 187
社会的強化刺激 083, 084, 086
習慣的操作 081
受容言語 143
消去 014, 015, 017, 021, 023, 034, 036, 047, 049, 071, 073, 106, 133
消去誘発性の攻撃行動 106
条件刺激 047
条件反応 047
スキーマ 068, 069
スモールステップ 132, 174, 175
正の強化 023, 036, 049, 073, 133, 188
［▶負の強化］
接近行動 035, 083, 084, 086
先駆行動 082, 083, 086, 171-176, 188
前言語的行為 078
先行刺激 016, 017, 019, 053, 063, 072, 073, 107
選択型手続き（selection-based procedure）... 125
戦略家 129
早期言語指導プログラム 082, 103
早期行動的介入（EIP） 024-026, 030, 036
ソーシャルスキル 027, 038-040, 058, 059, 062-064, 176, 188, 191

● さ

恣意的関係 079
刺激クラス 141, 143
刺激－刺激間ネットワーク（刺激間の関係ネットワーク） 065, 130
刺激性制御 017, 096, 102

ソーシャルスキルトレーニング（SST）..... 038-040, 042, 058, 059, 064, 105, 176, 191
ソーティング［▶分類］

● た

対称性関係...128
代替行動分化強化手続き（DRA）.........023, 049, 133, 188, 189
タイムディレイ法...........................017, 020
対立行動分化強化手続き（DRI）..........023, 049, 133, 188
タクト......021, 048, 081, 083, 085, 102, 111, 112, 125, 126, 188［▶マンド］
チェイニング
　逆行性の――（バックワード・チェイニング）..175, 193
　順行性の――（フォワード・チェイニング）..175, 193
中性刺激..047
治療・教授...190, 191
伝言課題..167
伝統的アセスメント ......187, 188［▶行動的アセスメント］
統合過程......................171, 172［▶変換過程］
動作模倣..........026, 034, 082-084, 086-088, 094, 096, 103

トータルクスク.....................................193
　――法..175

● な

日常思考記録..039
乳幼児自閉症チェックリスト（M-CHAT）..045
認知行動療法（CBT）.......038-043, 064, 065
認知再構成法..039

● は

派生的関係........................054-056, 058, 130
罰 014, 015, 023, 073
発声反応レパートリー............................100
発達障がい.......013, 053, 065-069, 077, 080, 082, 083, 090, 101, 105, 111, 112, 115, 139, 170, 176, 186, 192
話し手行動.......................080［▶聞き手行動］
場面設定..062, 094
般化 016, 017, 019, 031, 036, 039, 047, 059, 064, 094, 105, 126, 131, 132, 138, 139, 149, 150
　――の困難性.................016, 017, 036, 105
　――プローブ...................................120, 124

反応移行スキル... 126
反応型手続き（topography-based procedure）
　.. 125
比較刺激....................................... 079, 095, 101
負の強化............................... 022, 073［▶正の強化］
フリーオペラント法............... 019, 032, 085, 086
プロンプト........................ 096, 097, 099, 100,
　107, 112, 113, 115, 119, 132, 137, 138,
　142, 144-146, 151, 152, 157, 163, 165-
　167, 178, 179, 193
　エコーイック・——..... 112, 113, 114, 119,
　　145, 146
　言語的——... 178
　視覚的——...... 112, 114, 119, 145, 146, 178
　タイム——.. 107
　遅延——... 096, 107
　——依存... 179
　——・フェイディング........................... 179
　文字——.. 113
分化強化............................. 049, 096, 098, 133
分類（ソーティング）.........................141-145
変換過程..................... 171, 172［▶統合過程］
弁別刺激........... 017, 072, 081, 088, 094, 101,
　102, 107, 115, 131, 132, 139, 154, 193
包括的行動支援（PBS）............................. 036
保護者........ 014, 036, 037, 040-042, 065-069,
　080-082, 103, 183, 185-188

● ま

マッチング....... 034, 079, 082, 083, 086, 095,
　101, 129, 138, 142, 143, 146, 147, 154,
　156, 157, 159, 164
マルチベースライン・デザイン...........097,
　108, 113, 117, 126
マンド....... 021, 048, 083, 085, 094, 102, 111,
　188［▶タクト］
　——・モデル法...................... 020, 021, 023
見本刺激.. 079, 095
無条件刺激.. 047
無条件反応.. 047
名称関係.................... 056, 058, 080-082, 139
命名行動....................................... 026, 094, 102
命名反応....................................... 101, 102, 128
モデリング... 178, 188
モーリス・プログラム.........032, 033, 112,
　138, 141, 152, 162, 167
モンテッソーリ教材....................... 154, 179

● ら

ルール支配行動... 111
レスポンデント行動...... 046, 047, 071［▶オ
　ペラント行動］
ロバース・プログラム...........032-034, 112,
　141, 152

● 人名

Alberto, Paul A 017, 023, 049
Ferster, Charles B 014, 015
Hayes, Steven C 055, 058, 066, 067, 069, 189
Lovaas, Ole I 013-016, 018-021, 024, 025, 030, 031, 033, 034, 082, 086, 096, 112, 137, 141, 152, 176
Maurice, Catherine 030, 033, 112, 137, 138, 152, 176
Skinner, Burrhus F 020, 021, 038, 048, 053, 079
Troutman, Anne C 017, 023, 049
Wolf, Montrose 014

著者略歴

谷 晋二
（たに・しんじ）

1982年09月	大阪教育大学大学院教育学研究科修士課程（障害児教育学専攻）修了
1998年07月	心身障害学博士（筑波大学）
2000年04月	大阪人間科学大学社会福祉学科・助教授
2004年04月	大阪人間科学大学健康心理学科・教授
2006年04月	大阪人間科学大学人間科学研究科・教授
2010年04月	大阪人間科学大学社会福祉学科・教授
2010年10月	立命館大学文学部・教授
2010年10月	立命館大学大学院応用人間科学研究科・教授
2016年04月	立命館大学総合心理学部・教授（現在に至る）

主著 『実践の心理学──私を変える 子供が変わる』（単著｜二瓶社［1987］）ほか

訳書 ポール・アルバート＋アン・トルートマン『はじめての応用行動分析──日本語版第2版』（共訳｜二瓶社［2004］）、マリア・ウィーラー『自閉症、発達障害児のためのトイレットトレーニング』（訳｜二瓶社［2005］）ほか

はじめはみんな話せない
行動分析学と障がい児の言語指導

初 刷	2012年10月10日
三 刷	2024年 2月10日
著 者	谷　晋二
発行者	立石正信
発行所	株式会社 金剛出版　（〒112-0005 東京都文京区水道1-5-16） 電話 03-3815-6661　振替 00120-6-34848
装 幀	古屋貴広
装 画	佐藤香苗
印刷・製本	シナノ印刷

ISBN978-4-7724-1272-8　C3011　©2012　Printed in Japan

新装版
ことばと行動
言語の基礎から臨床まで

［編］＝一般社団法人日本行動分析学会
［責任編集］＝浅野俊夫　山本淳一
［新装版編集］＝武藤　崇　吉岡昌子

A5判　並製　404頁　定価4,620円

行動分析学から言語を捉え，臨床に役立つ基礎・理論的研究から，ことばを育て，支援する具体的な技法までを豊富な事例とともに解説。

言語と行動の心理学
行動分析学をまなぶ

［編著］＝谷　晋二

A5判　並製　232頁　定価3,080円

公認心理師発展科目「学習・言語心理学」準拠，ACTや関係フレーム理論からまなぶ「言語」と「行動」の心理学入門講義。

はじめてまなぶ行動療法

［著］＝三田村仰

A5判　並製　336頁　定価3,520円

「パブロフの犬」の実験から認知行動療法，臨床行動分析，DBT，ACT，マインドフルネスまで，行動療法の基礎と最新のムーブメントを解説した行動療法入門ガイド。

価格は10％税込です。